「新テスト」の学力測定方法を知る

基礎知識からテスト開発・分析までの話

株式会社ハピラル・テストソリューションズ　**別府 正彦** 著
監　　修　名古屋大学大学院教授　　**野口裕之**
　　　　　東北大学大学院教授　　　**柴山 直**
　　　　　東北大学大学院准教授　　**熊谷龍一**

河合出版

監修にあたって

　本書は教育に関わる企業の立場から長年テスト開発に従事されて来た、別府正彦氏による「項目反応［応答］理論」(IRT) の解説書です。同氏はテスト開発業務や高等学校関係者に対する講演を続ける中で、IRT を適用したテスト開発の重要性・必要性に着目されていました。そして、2006 年から実施されている「受験学力測定テスト」（学校法人河合塾）の開発に際しては中核メンバーの一人として実現に貢献されました。テスト受験者の高等学校 3 年間にわたる学力の実質的変化を把握するために、「偏差値」ではなく「IRT ベースの共通尺度」を用いて表示するテストはわが国の受験界では嚆矢でした。

　本書には同氏の経験が随所に活かされています。テスト理論研究の専門家ではなく、テスト開発の実務家の立場から IRT についてしっかりと記述しておられます。監修者 3 名は原稿全体を読んで、テスト理論研究者の立場からのコメントを独立に著者に返しました。柴山直先生は IRT の内容、特に共通尺度や等化について、熊谷龍一先生は特に名義反応モデルはじめデータの分析方面で鋭くかつ有益なコメントを返しました。そして、お二人とも、専門的な知見をもとに、細かい点まで内容を検討されました。

　大学入試センター試験に替わる試験に関する議論で、項目反応［応答］理論とか IRT という術語がマスコミを賑わしていますが、「とにかく IRT を用いてテスト開発をしさえすれば理想のテストができる」(IRT を使えば従来のテストでは実現できなかったことが可能になる）というような幻想に警鐘を鳴らす必要を感じています。そしてまた、IRT モデルが置く基本的な仮定（IRT を使うための条件）を満たすようにテストの仕様を決定し、仕様に沿った出題内容のテスト開発を進めれば、出題形式等の制限が多くて実用水準では適用が困難といったことは決してなく、従来のテストでは困難だったことを可能にすることで現実のテストの質的向上に大きく貢献する可能性のあることを、専門家以外の方々に理解していただく必要も感じています。この二つの必要性からも、時宜を得た出版であると言えます。

監修者を代表して　　野口裕之

はじめに

　Aさんの学校では、英語のテストが毎月あります。100点満点のテストで、Aさんは5月のテストで70点でした。その後、あまり勉強しなかったのに6月のテストは80点でした。そこで、一生懸命勉強すれば7月は90点取れるぞ、とがんばりましたが結果は75点でした。Aさんはがっかりです。あまり勉強しないほうがテストの点数は上がるのかな、とも思いました。

　これは作り話ですが、似たような経験をお持ちの方は少なくないのではないでしょうか。テストの得点は、テストの難度と受験者の学力の二つによって決まるので、結果をどのように解釈すれば良いのか難しい場合が多く厄介です。上の話の場合、5月から6月にかけてAさんはあまり勉強していませんでしたので、学力は現状維持か場合によっては下がっていたかもしれません。それなのに、点数が10点上がっていますから、6月のテストは5月よりも易しかったのかもしれません。もしも、テストの難しさが同程度とするなら、テストの範囲がAさんの得意分野だったので、さほどがんばらなくても6月のテストは良かったのかもしれません。その後Aさんは一生懸命勉強しました。その甲斐あって、学力が上がっているのにテストの点数が下がったとしたら、7月のテストは6月よりも難しかったのかもしれません。あるいは、Aさんは一生懸命がんばったのですが、実際は空回りになってしまい学力は下がっていたのかもしれません。そのため7月のテストが難しかったわけではないのに点数が下がってしまったのかもしれません。このように、あれこれと想像することはできますが、本当のところはわかりません。

　IRTと呼ばれるテストに関する理論が、このようなモヤモヤを解決してくれるかもしれません。IRTを使うと、異なる問題からなるテストの結果を互いに比較することができます。つまり、上の例で言えば、4月、5月、6月と学習する内容が進むにつれて、毎月のテストで出題される問題は異なりますが、IRTを使ってテストの得点を表わせば互いに比較することが

可能となるのです。

　IRTとは、「Item Response Theory」の略です。国内では、「項目反応理論」、ないしは「項目応答理論」と訳されています。Itemは項目と訳されおり、テストに出題される問題のことです。Responseは、反応ないしは応答という意味です。誰が反応するのかと言えば、受験者で、何に反応するのかと言えば、テストに出題された問題です。Theoryは理論ですから、続けると、項目反応理論、ないしは、項目応答理論ということになります。

　IRTは、諸外国においては、PISA*、TIMSS*、NAEP*（全米学力調査）、TOEFLテスト*、SAT*などで当たり前に使われていますが、国内では、医療系大学間共用試験*をはじめ、日本語能力試験*、日本留学試験*などでようやく定着しつつある状況です。しかし、大学入試センター試験に替わる「新たなテスト」の構想でIRTが登場したことで、突然注目されるようになりました。これを機に、国内でも、さまざまなテストにおいてIRTが使われるようになるのではないか、と思います。

　本書は、IRTという言葉を見聞きして、「これって、一体、何だろう」とお感じになられている方たちを対象にしました。そのため、難解な数式はできるだけ使わずに、IRTとは何か、を皆さんにお伝えしたいと思います。そのために、まずIRTを使わない従来のテストについて取り上げ、それとの対比でIRTを見ていきます。できるだけ平易な言葉で説明したいと思います。

　IRTの正体がわかったら、次は、IRTを使ったテストはどのように開発し実施するのか、に興味が移ります。ただし、こうしなくてはいけない、ああしなくてはいけない、これも必要だし、あれも大事だ、とおそらく課題が次々に見えてきて、「IRTを使ったテストの開発は大変だな」とお感じになるのではないでしょうか。時間も人手も費用も、従来のテストよりかかることは間違いないからです。しかし、私は、「こんなに大変なのだから、IRTはやめておきましょう」ということを申し上げたいわけではありません。ではどうすれば良いのでしょうか？　私の提案は、IRTによるテストを「みんなで作り」、IRTによるテストを「みんなで使う」ための仕組

み作りです。
　なお、本書では、テストは学力を測るためのものに限定しています。そのため、性格や適性を測るテストなどは含めていません。また、特に断りがないときは、テストの得点が高いことをもって、そのテストが測ろうとしている学力も高いことを前提とします。

（注）
PISA：経済協力開発機構（OECD）が実施する生徒の学習到達度調査（Programme for International Student Assessment）。2000年から実施されている。

TIMSS：国際教育到達度評価学会（IEA）が実施する国際数学・理科教育動向調査（Trends in International Mathematics and Science Study）。1964年から実施されている。

NAEP：全米学力調査（National Assessment of Educational Progress）。1969年から実施されている。

TOEFLテスト：TOEFLは、Test of English as a Foreign Languageの略。英語を母語としない人の英語コミュニケーション能力を測るテストとして、1964年に開発された。

SAT：Scholastic Assessment Testの略で、アメリカ合衆国の大学受験に使われているテストのこと。

医療系大学間共用試験：医学や歯学を学ぶ学生が臨床実習に入る前に、必要な知識・技能・態度が身についているかを判定する試験。

日本語能力試験：国際交流基金が開発し、日本国際教育協会と共催で実施する日本語を母語としない人の日本語能力を評価するテスト。1984年から実施されている。

日本留学試験：日本学生支援機構が主催する、日本の大学等に入学を希望する外国人留学生を対象に実施する試験。

テスト用語一覧

　本書で使用しているテストに関連する用語の意味を簡単に記し、五十音順に並べました。

　本書はこれらの用語を知らなくてもお読みいただけますが、読み進めているときに意味がわからなくなった場合などに、すぐに確認できるようにと考えてまとめたものです。

2パラメーター・ロジスティック・モデル：識別力と困難度の2つのパラメーターで項目特性を表わすIRTモデル。
CAT：Computerized Adaptive Testの略。コンピュータ適応型テスト
CBT：Computer Based Testの略。コンピュータを使うテスト
editor：問題（項目）の編集者
G-P分析：テストに出題した問題（項目）の学力識別の程度を分析する手法のこと
item writer：問題（項目）の作成者
psychometrician：各種テスト理論をもとにテストを分析する者
T得点：得点分布に正規分布の仮定を入れたZ得点のこと
Z得点：標準得点×10＋50で求めるもので、国内では一般的に偏差値と呼ばれている。
位置パラメーター：IRTにおける困難度のこと
因子分析：多数の項目の関係から背後に仮定できる潜在的な特性を見出す統計的手法
重みつき正答数得点：テスト得点の一つで、正答した問題の配点を足し上げて求める。
重みづけ：テストに出題する個々の問題に配点をつけること
解答：テストに出題された問題に対して受験者が示した答え
開平法：筆算によって平方根を求める計算方法のこと
共通項目デザイン：等化するテストの間で共通の問題（項目）を出題する

IRT の等化方法のこと
共通尺度：IRT において、等化後の尺度のこと
共通受験者デザイン：等化するテストを同一の受験者が受験する IRT の等化方法のこと
局所独立の仮定：ある問題の正誤が他の問題の正誤と独立であること
クロンバックの α 係数：信頼性係数の推定値の一つ
構成概念：テストで測ろうとしている学力
項目：テストに出題する問題
項目特性：ある項目において、学力に応じた正答確率
項目特性関数：項目特性を表わす関数
項目特性曲線：項目特性関数をグラフで表わしたもの
項目パラメーター：2 パラメーター・ロジスティック・モデルでは識別力と困難度のこと
項目反応カテゴリー特性曲線：あるカテゴリーにおける学力に応じた反応確率を表わす曲線
項目プール（アイテムプール）：IRT によるテスト開発のための問題（項目）データベースのこと
項目分析：テストに出題した個々の問題（項目）の良い・悪いを分析すること
誤答：採点基準を満たさない解答
困難度：問題（項目）の難しさの度合を数値で表わしたもの
採点基準：正答として求める条件
最尤推定法：IRT における受験者の「学力 θ」の値を推定する方法の一つ
識別力：問題（項目）が学力を識別する度合を数値で表わしたもの
周辺最尤推定法：IRT における項目パラメーターの推定法の一つ
信頼性係数：テストの測定精度を表わす指標
垂直尺度化：IRT において、難度が著しく異なる場合に共通尺度を構成すること
スクリー・テスト：テストの 1 次元性を確認する手法

正規分布：左右対称な釣鐘型をした分布のこと
正誤パターン：受験者が個々の問題に対して示した、正答・誤答の一連のセットのこと
正答：採点基準で正解とする条件を満たす解答
正答数得点：テスト得点の一つで、正答の数を数え上げて求める。
正答率：テスト得点の一つで、正答数得点を、テストに出題した問題数で割って求める。または、問題（項目）の困難度を表わす指標で、全受験者に対する正答者数の比率。
摂氏と華氏の変換式：華氏＝1.8×摂氏＋32
線形変換：ある数に定数を掛け、その値に定数を足す変換のこと
潜在特性尺度値：IRTの場合、テストで測定される学力のことで、θと表記される。
多枝選択式：複数の選択枝の中から正解と考える選択枝を選ぶ解答形式のこと
多値型モデル：採点結果が正答と誤答以外の場合も対応できるIRTモデル
段階反応モデル：多値型モデルの一つ
適応型テスト：受験者個人に最適な難度の問題を出題するテストのこと
テスト情報関数：テスト情報量を表わす関数
テスト情報曲線：テスト情報関数をグラフで表わしたもの
テスト情報量：テストの測定精度のことで、「学力θ」によって変化する。
テスト得点：採点結果を得点化することで得られる得点
テストの1次元性：一つのテストに出題される問題（項目）が、すべて同じ学力を測っていること
点双列相関係数：テストに出題した問題（項目）が、どの程度学力を識別できるかの程度を表わす数値
等化：異なる問題から成るテストの結果（得点）が、相互に比較できるようにすること
等化計画：どのように等化をおこなうかの計画

等化係数：線形変換をおこなって等化する場合の係数と定数のこと
等化係数の推定法：等化係数を推定する方法のこと
等化デザイン：等化を実施するために必要なデータ収集計画のこと
同時最尤推定法：IRTにおける項目パラメーターの推定法の一つ
得点率：テスト得点の一つで、重みつき正答数得点を満点値で割って求める。
二値型モデル：採点結果が正答と誤答の場合に対応できるIRTモデルのこと
配点：テストに出題した個々の問題についての、採点結果に応じた得点のこと
標準得点：テスト得点の一つで、標準偏差を単位として平均値からの差で表わす。
標準偏差：得点のばらつきの度合を示す指標
平均値（平均点）：代表値の一つで、合計得点を人数で割って求める。
ベイズ推定法：IRTにおける項目パラメーターの推定法の一つ
偏差値：標準得点×10＋50
名義データ：単に名前をつけて異同を明確にしたデータのこと
名義反応モデル：IRTにおける多値型モデルの一つ

もくじ

監修にあたって　1
はじめに　2
テスト用語一覧　5

第1章　なぜ、この本を書くことにしたのか　16

1　IRTに関連した仕事を通じて感じた必要性　16
(1) IRTはよくわからない?!　16
(2) 大学入試センター試験がなくなる衝撃と戸惑いに答えるために　17

2　寄せられたIRTへの疑問、不安、心配、不信　18

3　あえてIRTを一言で言えば　21
(1) 学力を数値化する方法の一つ　21
(2) 異なる問題のテスト結果、異なる受験者集団の
テスト結果を比較できる　22
(3) IRTは魔法の杖ではない　23

4　IRTを使う条件　24
(1) 問1の答えをふまえて問2に解答するような問題を
出題してはいけない　24
(2) 一つのテストに出題する問題は
すべて同じ学力を問うていること　26

5　IRTへの疑問や不安に答えると　27
(1) そういうことはありません、誤解です　27
(2) 用意する問題の数は状況次第　28
(3) 過去問題の利用や問題非公開はIRTを使うテストの
条件ではない　28
(4) 学力向上と得点向上の関係は従来のテストと同じ　29
(5) 誤解がある「〜しなくてはならない」　29

第2章　学力を数値化する測定理論　　31

1 「学力を数値化する」とは　　31
(1) "しかめ面さん"　31
(2) テストの得点は絶対か？　32

2 テストは非破壊検査に似ている　　33
(1) 学力は外からわからない　33
(2) 頭の中はブラックボックス　33
(3) テストは仮定から始まる　34

3 学力を数値化する過程　　35
(1) 採点と採点基準　35
(2) 得点化　37

第3章　従来の「テスト得点」　　38

1 第1グループの得点の求め方　　38
(1) それぞれの得点を一言で言えば　38
(2) 問題の難度が反映されない「正答数得点」　39
(3) 配点の決め方が重要な「重みつき正答数得点」　40
(4) 2通りの配点で起きたこと　42
(5) 事前にやっておくべきだったこと　44
(6) 100点満点の呪縛　45
(7) テスト得点に潜む「あいまいさ」　46

2 第2グループの得点の求め方　　47
(1) 得点の比較ができる第2グループ　47
(2) 平均値　48
(3) 標準偏差　49
(4) 標準偏差の求め方　50
(5) 標準得点とその求め方　52
(6) 偏差値とその求め方　53

(7) 同じ集団でも比較できない偏差値　54
　　(8) 測定範囲が変わる偏差値　55
　　(9) 変化の仕方がわからない偏差値　56
　3 従来の「テスト得点」の問題点　59
　4 IRT は「従来のテスト得点」の問題点を解決するのか　60

第4章　IRT による学力推定の方法・その1　64

　1 学力を測る「ものさし」を事前に用意する IRT　64
　2 「学力θ」と「尺度θ」　65
　3 視力検査に似ている IRT　66
　4 輪の大きさによって決まっている視力　68
　5 項目特性　68
　　(1) 学力によって変わる「正答できる可能性」　68
　　(2) IRT モデル　69
　6 2パラメーター・ロジスティック・モデル　70
　　(1) 困難度と識別力によって項目特性曲線の形が決まるモデル　70
　　(2) 困難度の違いによる項目特性曲線の変化　72
　　(3) 困難度は正答確率が 0.5 となる「学力θ」　73
　　(4) 「位置パラメーター」とも呼ばれる困難度　75
　　(5) 識別力の違いによる項目特性曲線の変化　76
　　(6) 識別力の大きさの制限　78
　7 仮定した「ものさし」　79
　8 測定値の意味づけ　80
　9 これまでの質問例 ～ 簡単なまとめにかえて　82

第5章　IRT による学力推定の方法・その2　84

　1 「学力θ」の推定法　84

- 2 「学力θ」を推定する確率計算　　　　　　　　　　86
- 3 重要な「局所独立の仮定」　　　　　　　　　　　88
- 4 A君の「学力θ」　　　　　　　　　　　　　　　89
- 5 最尤推定法　　　　　　　　　　　　　　　　　　90
- 6 全問正答、全問誤答の場合　　　　　　　　　　　92
- 7 テストの測定精度　　　　　　　　　　　　　　　92
  - (1) テスト情報量　92
  - (2) テストの実施目的に合ったテスト情報量　94
- 8 項目パラメーターの推定法　　　　　　　　　　　96

第6章　IRTによる等化　　　　　　　　　　　　　　99

- 1 共通尺度　　　　　　　　　　　　　　　　　　100
- 2 等化　　　　　　　　　　　　　　　　　　　　103
- 3 等化係数　　　　　　　　　　　　　　　　　　107
- 4 等化デザイン　　　　　　　　　　　　　　　　108
  - (1) 共通項目デザイン　108
  - (2) 共通受験者デザイン　112
  - (3) 等化は必ず成功するのか　115

第7章　その他のIRTモデル　　　　　　　　　　　116

- 1 二値型モデルと多値型モデル　　　　　　　　　116
- 2 1パラメーター・ロジスティック・モデル　　　117
- 3 3パラメーター・ロジスティック・モデル　　　118
- 4 段階反応モデル　　　　　　　　　　　　　　　119
  - (1) 項目反応カテゴリー特性曲線　119
  - (2) 段階反応モデルを使うときの注意点　122
- 5 名義反応モデル　　　　　　　　　　　　　　　124

第8章　IRTを使ったテストの開発と実施　127

1. テストの実施目的の明確化　128
   (1) 何のためのテストなのか　128
   (2) 何を測るテストなのか　129
   (3) どんな問題を出題するのか　129
   (4) IRTを使うなら　130
   (5) なぜIRTを使うのか　131
2. テストの出題企画の立案　132
   (1) どのようなテストにするのか　132
   (2) 平均点の設定　133
   (3) テストの実施目的によって異なる得点分布　134
3. テストの等化計画の立案　135
4. テストの実施計画の立案　136
   (1) コンピュータを使うテスト　137
   (2) CATの場合はIRTが必要　137
   (3) 必要な項目数　139
5. テストの収支計画の立案　140
6. テストの分析企画の立案　141
   (1) 分析は2段階　141
   (2) 統計的な手法で分析　141
7. テストの活用計画の立案　142
   (1) 教育の実践者と検討　142
   (2) 評価基準作り　142
8. テスト冊子の作成　143
9. テストの実施　144
10. テスト結果の分析　145
    (1) 第0段階の分析　145
    (2) IRTの第1段階の分析　146
    (3) スクリー・テスト　146

(4) 信頼性係数の推定　148
　(5) 項目分析　149
　(6) 正答率（通過率）　150
　(7) 点双列相関係数　150
　(8) G-P分析（Good-Poor analysis）　152
　(9) G-P分析1 〜 うまくいった例　153
　(10) G-P分析2 〜 うまくいかなかった例　153
　(11) G-P分析3 〜 注意喚起の例　156
　(12) IRTの第2段階の分析　158
11 テストの評価基準の作成　159
12 テスト結果の活用　160

第9章　項目プールの開発　161

1 項目プール（アイテムプール）　161
2 項目プール開発に必要な役割と体制1　163
3 項目プール開発に必要な役割と体制2　165

第10章　良質な問題は国の宝だ　170

1 IRTを使ったテストの実施状況　170
2 IRTを使ったテストの実現に向けて　171
　(1) 項目作成　171
　(2) 等化　172
　(3) 専門性　172
3 項目プールを「みんなで作って、みんなで使う」　173
　(1) みんなで作る　174
　(2) みんなで使う　175
4 知のバックボーン 〜「おわりに」にかえて　177

第1章 なぜ、この本を書くことにしたのか

1 IRTに関連した仕事を通じて感じた必要性
(1) IRTはよくわからない?!

　私は、株式会社ハピラル・テストソリューションズ（長い名前なので、以下、ハピラルと呼びます）の社長をしています。ハピラルとは、学校法人河合塾のグループ会社の一つで、会社の設立は2009年、従業員は20名足らずの若い企業です。主な業務はテスト問題の作成や点検ですが、IRTに関連した業務も請け負っています。

　IRT自体がようやく国内でも認知され始めた状態ですから、これまでにお引き受けしたIRT関連の業務は、テスト問題の作成や点検の業務に比べれば決して多くはありません。では、どういう依頼に応じてきたかと言うと、

　「IRTについて説明会をおこなってほしい」
　「自社で実施したテストの結果をIRTで分析してくれないか」
　「自社でIRTを使った検定試験を開発したいから力を貸してほしい」

「IRTを使ったテストの開発や運用に関わってくれないか」
といったことです。
　しかし、IRT関連の業務をお引き受けすると、お客様は、
「IRTはよくわからないね」
とおっしゃられます。そのたびに、何度も何度も、そして、さらに何度も説明して、ようやく、
「アーなるほどね、少しはわかってきたよ」
となります。ただ、何度も説明を聞いてくださるお客様は少数派で、多くのお客様にとっては、IRTなど知らなくても、IRTなど使わなくても、従来からあるテストでほとんど何も不都合はなかったと思います。少なくとも、つい最近までは。

(2)　大学入試センター試験がなくなる衝撃と戸惑いに答えるために
　2013年6月、「大学入試センター試験を取りやめる」とセンセーショナルな報道がなされました。そして、それを機に様子が変わり始めました。2013年10月には、教育再生実行会議で、大学入試センター試験を廃止して新しく二つのテストを導入し、それぞれを年間に複数回実施すると発表されました。そして、その後の審議では、年複数回実施の言葉の近くに、IRTやCBT*という見慣れない文字が並んで使われるようになりました。
　「CBTは紙ではなくコンピュータを使ったテストのことらしい。なるほどね。でも、IRTって一体全体何なの!?」
　「年間複数回テストを実施するにはIRTが必要らしいが、どういうことだろう？」
　「IRTによって、テストの何が変わるのだろうか。何は変わらないのだろうか」
　IRTという言葉が報じられる機会が増えるにつれて、世の中に、IRTの正体やいかに、という"ざわめき"が広がっていったように思います。
　それが証拠に、2014年の夏頃から、私のもとに、「IRTって何？」という問い合わせが寄せられるようになりました。そして、2014年12月22日に

中央教育審議会の答申（『新しい時代にふさわしい高大接続の実現に向けた高等学校教育、大学教育、大学入学者選抜の一体的改革について』）が出され、翌2015年1月16日には改革を実行するための「高大接続改革実行プラン」が公表されました。さらに、3月5日には、新たに導入される二つのテストについて検討する専門家会議（「高大接続システム改革会議」）が始まりました。「高大接続システム改革会議」としては、夏頃に中間まとめを、年内には検討内容を公表する予定としています。2015年8月5日に出された中間まとめの案では、新しいテストの設計についての箇所に「CBTの導入」という項目が設けられていました。また、実施方法についての箇所には、年複数回実施を導入するには項目反応理論（IRT）等に基づく仕組みを導入することが必要になる旨が記されています。

　このように会議での検討内容が新聞等で報道され、文部科学省のホームページに会議で使われた詳しい資料などが公開されるたびに、ハピラルとご縁のあるさまざまな立場の方から、いろいろなお問い合わせを頂戴いたしました。

　「IRTって、何なの、それ？」「IRTで、何がどうなるの？」「シータって、どういうこと」等々。IRTが世に報じられたのをきっかけに、世の中がざわめき始め、その"ざわめき"は次第に大きくなっているように思います。

　「IRTのことがわからないのはまずいらしいぞ。もっと勉強しなくてはいけない。でも、IRTに関する本はどれも専門的でよくわからないんだよなあ」。そういう声を耳にするにつけて、一大決心。この"ざわめき"が少しでも収まればと思い、本を書くことにしたのです。

（注）
CBT：コンピュータを使ったテスト。Computer Based Testの略。

2 寄せられたIRTへの疑問、不安、心配、不信

　では、どのような"ざわめき"が起こっているのでしょうか。私の耳に聞こえてきたことを取り上げてみたいと思います。

① IRTを使うには、一問一答式の簡単な問題でなければならない。
② IRTを数学のテストで使うときには、必要な公式を提示しなくてはならない。
③ IRTを使うと、思考力、判断力、表現力が問えるようになる。
④ CBTでは、IRTを使わなくてはならない。
⑤ IRTを使うためには数万題の問題を用意しなくてはならない。
⑥ IRTを使うテストでは必ず過去問題が出題される。
⑦ IRTを使うテストの問題はすべて非公開となる。
⑧ 得点に反映されない問題が出題される。
⑨ 問題の作成者が問題のパラメーターを決めなくてはならない。
⑩ IRTを使うと、教員が教えたことの成果が得点に表われる。

①は、IRTを使うには、簡単な問題しか出題できないのか、という疑問です。②は、ETS*のホームページでSATのサンプル問題をご覧になったようです。「入試に出題される問題がこんなに簡単なものに限られるのであれば、生徒はますます勉強しなくなるぞ」、という不安も含まれていると思います。「IRTは不自由な道具だな。そんなもの、なぜ使うのだろう」、というつぶやきが聞こえてきます。

一方で、③は、「IRTは魔法の杖だ」と大いなる期待を寄せておられます。これまではなかなかうまくテストで問えなかった思考力や判断力や表現力が、IRTを使えば問えるようになるというわけですから。しかし、IRTは本当にそんな素晴らしい道具なのか、よく考えてみる必要がありそうです。

④は、CBTと似た言葉のCAT*とを混同している結果ではないでしょうか。CATを実施するにはIRTは不可欠ですが、紙で実施していたテストを単純にコンピュータに替えただけのテスト（これも立派なCBTです）であれば、IRTは必須とは言えません。

⑤は、「事前にそんなにたくさんの問題を用意しなければならないのなら、入学試験にIRTを使うのは無理に決まっている。今度の入試改革は実現することはないな。どうせ無理だ」とおっしゃりたいのでしょうか。

IRTを使うと⑥の事態が生じる。そのため、⑦は避けられない。でも、入学試験で問題非公開なんて、ありえない。よって、このたびの入試改革は無理に決まっている。⑤と同様のあきらめ感でしょうか。

　⑧は、有名な英語の検定試験をふまえてのことだと思います。「一生懸命に問題に取り組んで正答しても、得点に反映されないとは何事だ。生徒がかわいそうではないか」、そんな思いが聞こえてきます。

　⑨は、長年数学の問題作りをなさってきた方からの疑問です。この方は、IRTについていろいろとお調べになり、「受験者の得点を求めるには事前に『問題のパラメーター』というものが必要なことがわかった。しかし、どうやってパラメーターを求めれば良いのか自分にはわからないから、どうすれば良いのか教えてほしい」ということでした。従来のテストで受験者の得点を求めるには、問題の作成者が事前に配点を決めました。そのため、IRTにおいても、受験者の得点を求めるうえで必要な問題のパラメーターは、問題の作成者が決めなくてはならないと考えられたようです。

　⑩は、「IRTを使うと、教員が新しいことを生徒に教えた成果がテストの得点に表われると聞いたけど本当なのか」という疑問です。「教員が日々新しいことを教え、生徒も新しいことを学んでいる。IRTを使うとその成果がわかると聞いた」とのことですが、本当にそういうことができるのでしょうか。

　以上が、IRTに関して私が耳にした"ざわめき"の中身です。次に、IRTの正体をおおまかに述べてみます。そして、もう一度、ここで取り上げた"ざわめき"について考えてみたいと思います。

（注）

ETS：アメリカ合衆国のテスト事業者で、Educational Testing Service の略。

CAT：Computerized Adaptive Test の略で、コンピュータを使い受験者の学力に応じて問題を出題するテスト。

3 あえてIRTを一言で言えば

IRTの全体像をつかんでいただくために、

IRTとは何？
IRTができることは何？
ただし、その条件は何？

まず、上記の3点について説明します。IRTの全体像を把握していただきたいので、細かい点は省いていますから、わかりにくいところがあるかもしれません。後ろの章で、あらためて詳しく説明します。

(1) 学力を数値化する方法の一つ

問：IRTとは何ですか？
答：IRTとは、学力を数値化する測定の理論です。

「学力を数値化する」という表現は耳慣れないかもしれません。しかし、従来からの100点満点のテストにおいても、A君は90点だとか、B君は60点だとか、テストの合計得点で、A君やB君の学力を数値化しています。偏差値も、100点満点のテストの得点とは表わし方が違いますが、同じく学力を数値化したものと言えます。

IRTも学力を数値化する方法の一つで、100点満点のテストの得点や偏差値と同様に、正しく合理的に採点された結果をもとに、受験者の得点を求めます。IRTを使うからといって、何か特別な採点をおこなうわけではありません。事前に決めておいた採点基準に沿って、受験者の解答に対して正誤の判断をしていくという点は、IRTにおいても同様です。ただし、採点の結果から得点を算出する方法は、IRTを使う場合と、100点満点の得点や偏差値の場合ではまったく違います。

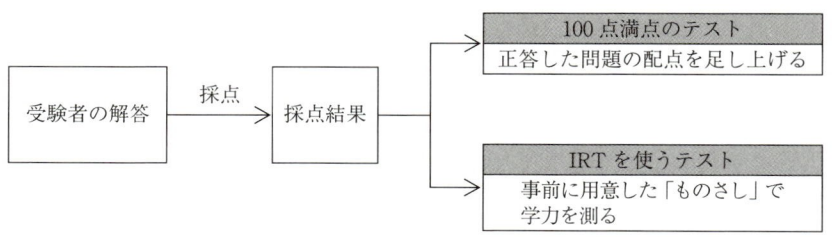

100点満点のテストとIRTを使うテストでは、採点結果から得点にする方法が異なる。
図1　学力の数値化

　100点満点のテストの場合、正答した問題の配点を「足し上げ」て得点を求めます。偏差値は、正答した問題の配点を「足し上げて得られた得点」をもとに計算して求めます。一方、IRTの場合は、学力を測定する道具として目盛りのついた「ものさし」を事前に用意します。そして、その「ものさし」を使って受験者の学力を測るのです。学力を測る「ものさし」を事前に用意する点が、100点満点のテストの得点の求め方とまったく違います。事前に学力を測定する「ものさし」を用意するとは、どういうことでしょうか。この点については、第4章であらためて取り上げます。なお、ここで言う「ものさし」のことを専門的には「尺度（スケール）」と呼びます。

(2) 異なる問題のテスト結果、異なる受験者集団のテスト結果を比較できる

　問：IRTの特長は何ですか？
　答：ⓐ異なる問題からなるテストの結果を互いに比較することができる。
　　　ⓑ異なる集団で得られたテストの結果を互いに比較することができる。

　特長のⓐは、「はじめに」でAさんの例をもとに説明しました。ただし、異なる問題からなるテストの結果を互いに比較することができるように、

事前の準備が必要です。どういう準備が必要かは、第6章で取り上げます。

2点目の特長は、偏差値の弱点を解決するものです。再びAさんの学校を例に挙げると、毎月のテストは難しさが同じではないので、校内偏差値を求めることになりました。そうすれば、月ごとの偏差値を互いに比較することができます。さて、夏休みが明けた9月にAさんの学校は県内学力テストを実施しました。1ヶ月後に県内偏差値の載った成績表が戻ってきました。ここで、4月から6月までの校内偏差値と9月の県内偏差値を比較したいのですが、校内テストを受験した人たち（校内テストの受験者集団）と、県内テストの受験者集団は異なりますので、校内偏差値と県内偏差値を比較することはできません。

この偏差値の弱点を解決するのがIRTです。つまり、IRTを使えば、異なる受験者集団で得られたテストの結果を互いに比較することができるのです。この例で言うと、県内テストと校内テストで共通にIRTを使うことができれば、結果が比較できることになります。

また、偏差値は、受験した集団における相対的な位置を表わすものですから、一人でテストを受けたとき（つまり、受験者数が一人のとき）は算出することができません。しかし、IRTを使うと、一人だけでテストを受けても得点を出すことができます。たとえば、6月にB君が転校してきました。B君は6月に一人でテストを受け、7月にはクラスメイトとともに校内テストを受けました。このとき、IRTを使えば、B君が6月に一人で受けたテストの得点と7月の校内テストの得点を比較することが可能なのです。

(3) IRTは魔法の杖ではない

このように書くと、IRTは魔法の杖のように思えてきます。これまでの100点満点のテストの得点や偏差値の弱点を見事に解決してくれるのですから。しかし、IRTはテストに関わる人たちの願い事を何でもかなえてくれる魔法の杖ではありません。仮に、これまでのテストでは難しかったことを可能にしてくれるという意味で魔法の杖と呼ぶとしても、IRTは誰で

もが簡単に使える「お手軽な魔法の杖」ではありません。言うなれば、「簡単には使いこなせない魔法の杖」です。皆さんは、『魔法使いの弟子』という昔のディズニーのアニメをご存じでしょうか。

　外出する魔法使いが留守中に水汲みをするように弟子のミッキーマウスに命じます。ミッキーは、魔法の杖を使って呪文をとなえ、箒に魔法をかけて水汲みをさせます。水が一杯になり、ミッキーは箒に水汲みをやめさせようとしますが、やめさせる呪文を知らず、家の中は水浸し。そこに魔法使いが帰り、呪文一つですべては元通りに。ミッキーは大目玉をくらいます。たしか、このような話だったと思います。

　学力を測定するうえで、IRT は優れた道具です（ここでは、わかりやすいように、あえて項目反応理論を道具と呼びます）。ただし、中途半端な理解で IRT を使うと、大変なことになりかねません。たとえば、学力を測定した結果が、専門家が見れば明らかにおかしい数値として表われているのに、それに気づかず、誤った情報を受験者に提示し続け、間違っていたことが明らかになったときには、もう取り返しがつかない。こんなことになりかねないのです。脅かすわけではありませんが、十分に修業をしたうえで、魔法の杖を使うべきです。

　次は IRT を使うテストや問題の条件を取り上げてみましょう。

4　IRT を使う条件

　問い：IRT を使うテストや問題の条件は何ですか？
　答え：ⓐ「局所独立の仮定」が成り立っていること
　　　　ⓑテストの「1 次元性」が保たれていること

(1)　問 1 の答えをふまえて問 2 に解答するような問題を出題してはいけない

　一つ目の条件として挙げた「局所独立の仮定」について、専門書では、「受験者の、ある項目に対する反応は、他のいずれの項目に対する反応とも

独立に生ずること」(『組織・心理テスティングの科学』野口裕之・渡辺直登編著。p.32) と説明してあります。私なりにこれを平たく言うと、「IRTを使うときは、問1の答えをふまえて問2に解答するような問題を出題してはいけない」、ということになります。例を挙げてみましょう。

> 問1：AさんはBさんの誕生日のお祝いにと、近所のケーキ屋さんに行きました。1個400円のケーキを5個と1個500円のケーキを4個買うことにしました。合計金額はいくらになるでしょう。
> 問2：近所のケーキ屋さんはBさんの誕生祝いと聞くと、合計金額から600円おまけするよ、と言ってくれました。Aさんは、元の金額の何パーセントでケーキを買ったことになりますか。

上記の問題では、問1が正答できなければ問2は正答できません。つまり、局所独立の仮定が成立していません。「この仮定を守らないとどういう不都合なことが生じるのですか」とお聞きになりたい方もいらっしゃるでしょう。多くの場合、この仮定を守らなくても、IRTを使った得点は算出されてしまいます。それなら、「あまり気にすることもないんだね」とお考えになりますか。しかし、安易な考えに走るのは禁物です。

局所独立の仮定を守ることは、IRTを使う際の大前提です。この仮定が守られていないと、IRTで得点を算出すること自体に意味がないことになります。そのくらい大事な条件です。

この仮定を守るとなると、個々の問題が独立した一問一答式か、あるいは、次のように問1と問2をまとめた問いしか出せなくなります。

> 問い：AさんはBさんの誕生日のお祝いにと、近所のケーキ屋さんに行きました。1個400円のケーキを5個と1個500円のケーキを4個買うことにしました。すると、近所のケーキ屋さんはBさんの誕生祝いと聞くと、合計金額から600円おまけするよ、と言ってくれました。Aさんは元の金額の何パーセントでケーキを買ったことになりますか。

問1と問2に分けて出題するか、この「問い」のようにまとめるかは、本来、テストの実施者が自由に使い分けるべきです。IRTの条件だからといって、出題の仕方が制限されてはかないません。もしもそうであれば、私だって、「そんな面倒なものならイラナイヨ」と言いたくなります。しかし、IRTにはいくつかの分析方法があります。もしも、問1と問2に分けて出題する場合は、二つの問いを別々のものとはせず、一つの問題に含まれる枝問とみなします。そして、**表1**のように正答、部分的に正答、誤答のように3段階に分けて採点をおこない、その結果をもとにIRTで分析をおこなって得点を算出します（これを「段階反応モデル」と言います。第7章を参照してください）。

表1 　3段階の採点

正誤		採点結果
問1	問2	
○	○	正答
○	×	部分的に正答
×	×	誤答

(2) 一つのテストに出題する問題はすべて同じ学力を問うていること

ⓑの「テストの『1次元性』が保たれていること」とは、「**一つのテストに出題する問題はすべて『同じ学力』を問うていなくてはならない（テストの等質性とも言います）**」という条件です。英語のテストを例に挙げると、出題された問題がすべて英語の学力を測る問題であるなら、個々の問題の正誤に応じて英語の学力の得点を求めることができます。もし、英語のテストの中に、数学の学力を測る問題が混じっていたとするなら、変なたとえですが、体重と身長を足し合わせているようなもので、得られた得点が英語の学力を表わしているのかわからなくなります。つまり、一つのテストに出題した問題がすべて「同じ学力」を問うていることは、個々の問題の正誤から得点を求めるうえでの大前提と言えます。

IRTでは、テストの実施後に、1次元性が保たれているか（成り立っているか）を確認します。そして、1次元性の確認ができて、初めてIRTの分析に取りかかるのです。仮に1次元性が十分に成立している場合でも、1次元性に悪い影響のある問題（＝一つのテストで問うている「同じ学力」とは別の学力を問うている問題）は除外したうえでIRTの分析に取りかかります。そのくらい重要なことだと捉えてください。

なお、IRTの中には、「多次元IRTモデル」と呼ばれる分析方法もあります。このモデルでは、1次元性が保たれていなくてもIRTを使うことが可能です。ただし、現時点では「多次元IRTモデル」が使われる場面は決して多くはないと判断し、本書ではIRTが使える条件としてテストの1次元性を取り上げました。

以上、IRTとは何か、IRTの特長、IRTを使う条件を取り上げました。これらをふまえて、あらためて、皆さんから寄せられた疑問や不安などを検討してみましょう。

5　IRTへの疑問や不安に答えると
(1)　そういうことはありません、誤解です
① IRTを使うには、一問一答式の簡単な問題でなければならない。
② IRTを数学のテストで使うときには、必要な公式を提示しなくてはならない。
③ IRTを使うと、思考力、判断力、表現力が問えるようになる。

どういう内容の問題をどういう形式で出題しようとも、解答が正確に合理的な基準に則って採点されていれば、原則としてIRTでの分析は可能です。ですから、①・②のようなことはありません。③については、IRTを使いさえすれば、思考力、判断力、表現力が測定できるということはありません。思考力、判断力、表現力を測るには、どういう問題が適しているのか。そして、いかに採点すべきなのか。これはIRTを使うかどうかと

は別に検討されるべきことです。そして、思考力、判断力、表現力を測るに適した問題ができあがったならば、次にIRTを使うべきか、使う場合はどの分析方法が適しているかを検討することになります。

(2) 用意する問題の数は状況次第
⑤ IRTを使うためには数万題の問題を用意しなくてはならない。

事前にIRTで分析した問題を用意しておくことはありますが、⑤にあるように必ず数万題も必要かどうかはケースバイケースです。ですから、必ず、数万もの問題を用意しなくてはならない、ということはありません。

なお、IRTで事前に準備しておくべき問題の数については、第8章（p.139）で再度取り上げます。

(3) 過去問題の利用や問題非公開はIRTを使うテストの条件ではない
⑥ IRTを使うテストでは必ず過去問題が出題される。
⑦ IRTを使うテストの問題はすべて非公開となる。

IRTを使う条件は、局所独立の仮定が成り立っていることと、テストの1次元性が保たれていることですから、必ず過去問題を出題しなければ、また、問題はすべて非公開にしなければ、IRTは使えないということはありません。ただし、IRTを使う場合、実施済みのテストを分析し、その中から質の良い問題を選び出し、別のテストで再利用するという方法を採用することがあります。質の良い問題は作成することが容易ではありませんので、積極的に再利用しようというものです。なお、ここで言う再利用は、問題の内容には一切手を入れず、そのまま使うことを意味します。不用意な加筆修正は、問題の質に思いがけない影響を及ぼすことがあるのです。過去に出題した題材を使って問題を作り直し、別なテストに出題するということとは違いますので、ご注意ください。

（4） 学力向上と得点向上の関係は従来のテストと同じ
⑩ IRTを使うと、教員が教えたことの成果が得点に表われる。

　これはある高校の先生からの質問です。
　「生徒は学年が進むにつれて、教師から新しいことを教わっている。そこのことがIRTを使った得点に表われると聞いた。つまり、学年が進むにつれて、IRTを使ったテストの得点は上がると聞いたが、これは本当なのか」という質問でした。
　「先生、残念ながらそういうことはありません」とお答えすると、「どうして」と聞き返されました。
　「IRTを使わない100点満点のテストを考えてみてください。先生方が日々熱心に指導され、生徒が新しいことを教わったからといって、それだけで必ず学力が向上し、その結果がテストの得点に反映されるとは言えないのではないでしょうか」。
　こうお答えすると、少しがっかりした表情を浮かべ、「そりゃあ、そうだね」とおっしゃいました。
　先生に教わったことを復習し、必要な反復練習をするなどして、ようやく学力が身についてくる。その結果、テストに出題された問題に正答し得点につながるのではないでしょうか。わかっているはず、できているはず、だとしても、テストの問題に正答できなければ、得点にはなりません。これは、従来のテストでも、IRTを使ったテストでも同じことです。ですから、4月、5月、6月と月が進むにつれて、より高度なことを先生に教わったとしても、それらをちゃんと理解して身につけたうえで、教わったことに関する問題に正しく答えられなければ、IRTを使った得点は向上しません。

（5） 誤解がある「～しなくてはならない」
　④ CBTでは、IRTを使わなくてはならない。
　⑧ 得点に反映されない問題が出題される。

⑨ 問題の作成者が問題のパラメーターを決めなくてはならない。

④はコンピュータを使うテスト（＝「CBT」）の中で、CAT（コンピュータ適応型テスト）の場合にはIRTは必要です。なお、CATについては、第8章（p.137）で取り上げます。

IRTを使うテストにおいては、⑧のような得点に反映されない問題が出題されることはありえます。ただし、得点に反映されない問題を必ず出題しなければならないかというと、そういうことはありません。

⑨にある問題のパラメーターを、問題の作成者は決めません（正確に言うと、決めることはできません）。問題のパラメーターは、IRTによる分析をしないと求めることはできません。なお、問題のパラメーターは第4章で詳しく取り上げます。ここでは、IRTを使って得点を出すには、問題のパラメーターというものが必要なのだ、と理解してください。

第2章 学力を数値化する測定理論

　IRTとは何ですか？——これに対する答えは、「学力を数値化する測定理論」です。しかし、IRTの「学力を数値化する」方法は、100点満点のテストで得点を出す方法とはずいぶん異なっています。IRTの学力の数値化の方法は第5章で詳しく述べますが、その前に「学力を数値化する」と聞いて、皆さんはどのようにお感じになりますか。あまり聞き慣れない言葉ではないでしょうか。そこで、「学力を数値化する」とはどういうことなのか、この点について考えてみたいと思います。

1 「学力を数値化する」とは
(1) "しかめ面さん"

　ハピラルでは、テストに関する社内研修をおこなうことがあります。今年（2015年）のテーマは「テストで学力を数値化する」で、1月に3回シリーズで実施しました。講師は私です。IRTが世の中で注目され始めたことをきっかけに、ハピラルの社員が、さらにもう一段IRTが理解できる

ようにと研修を実施したのです。今回は IRT の話をすると聞いて、ハピラルがお世話になっている会社の方も参加されました。

　コの字に並んだ机に皆が座りました。パワーポイントの資料を配布し、「さあ、始めるよ」と見渡すと、その中の一人がひどくしかめ面をしています。社外から参加されている方です。「どうかしましたか」と聞くと、すぐに笑顔になって、「いえ、何でも」と答えます。それじゃあ、と気にせず話を始めました。

　約 1 時間半の私の話が終わり、「質問や意見がありますか」と問いかけますと、先程の"しかめ面さん"が真っ先に手を上げました。こちらが発言を促す前に、「テストで学力を得点化する、というタイトルが自分にはしっくりきません」とぶっきらぼうに口を尖らせました。「どういうことですか」とさらに発言を促すと、「テストの得点が学力じゃないんですか！ テストの結果がすべてですよ。だから、みんな、テストで 1 点でも点を取ろうとがんばるんでしょ!! だって、80 点で合格、79 点では不合格なんですよ。現実は、とっても厳しいんです」。

(2)　テストの得点は絶対か？

　テストの得点が学力であるという感覚は、おそらく、この"しかめ面さん"だけのものではないと思います。IRT を日本のテストに導入するには、いくつかの課題があると言われていますが、この方が口にしてくれたテストの得点に関する考え方も大きな壁だと思います。「テストの得点が学力であり、それは絶対的なものである」という考え方には根強いものがあります。そのため、出題ミスや採点ミス、集計ミス、とにかくテストにおいてミスはあってはならない。確かにこの考え方は正しいと言えます。私も、テストにおいてミスはあってはならないと思います。しかし、テストの得点には、実は「あいまい」な部分が含まれていると言えるのです。「何を言うのですか」と、先程の"しかめ面さん"に食ってかかられそうですが、どうぞ、少し肩の力を抜いて、これまでのテストの得点について、もう少し考えてみましょう。ここから先、しばらくは IRT の話はお休みです。

2 テストは非破壊検査に似ている
(1) 学力は外からわからない

　数十年前に造られた橋やトンネルが古くなってしまい、壊れる前に修理が必要になってきている。どういう修理が必要なのか、傷みの具合を調べる方法が非破壊検査だ——こんなニュースを目にしたことはありませんか。テレビに映る映像では、ヘルメットをかぶった作業員が、ハンマーで盛んにコンクリートの表面をたたき、その音に耳を傾けています。コンクリートの中の様子は壊さないとわからない。でもそんなことはできない。中の様子を直接調べられないから、何度も何度も表面をたたいて、返ってくる音をよく聞いて、どこかに傷んだ場所はないかを点検するのだそうです。

　テストもこれと似ています。人は学んだことで、学力を身につけます。身についた学力は、おそらく頭の中にあり、どのようにはたらいているのか、外から見てもさっぱりわかりません。つまり、これを直接調べることはできません。現在、脳に関する科学が急速に進んでいますから、近未来には、直接、学力を測れるようになるかもしれませんが、今はまだ無理です。そこで、テストで学力を調べてきました。その方法は、人に問題を提示して、それにどのように答えるのかを調べるといったものです。たった1題の問題で調べることもあるかもしれませんが、多くの場合は何題か複数の問題を出題します。非破壊検査でも、いろいろな場所を何度もたたいて調べますが、それと同じだと思います。そして、返ってきた受験者の答え（=「解答」）をいろいろな手法で調べて、受験者の学力を得点という数値で表わすのです。ただし、そんなにキッパリとは言い切れないのではないでしょうか。

(2) 頭の中はブラックボックス

　どういうことかというと、たとえば、体重を計るときは、体重計に乗って、体重計の目盛りを直接読み取って測定します。身長もそうです。身長計を使って、直接、眼で目盛りを読み取ります。ところが、学力を測るときは、頭の中はブラックボックスですから、体重計や身長計のような測定

の道具を用いて直接測ることはできません。そのため、テストで問題を提示して、どのような解答をするのかを調べて、頭の中のはたらきを間接的に測定しているのです。

「テストは学力を測る測定の道具」ですが、間接的にしか測れません。間接的というと、どこか頼りない、なんとなくもどかしい感じがします。体重計に乗ると、目の前の目盛りが80kgを指しました。そうだとすれば、体重計が壊れていなければ、絶対に、確実に、自信をもって、体重は80kgです。一方、学力はそうはいきません。テストの結果が80点だとしても、頭の中はブラックボックスですから、誰にも本当のところはわかりません。絶対に、確実に、80点とは言い難いところがあります。頭の中に、学力を測定する道具を直にあてて、この眼で学力を示す目盛りを読み取ったわけではないのですから、**テストの得点80点はあくまで推定値にすぎない**わけです。

(3) テストは仮定から始まる

テストは非破壊検査に似ていると述べましたが、決定的に違うことがあります。非破壊検査の場合、どういう音がするときは内部がどういう状態にあるのか実験的に確かめることができます。実際の検査場面とは別の所できちんと確かめているから、非破壊検査が可能になるわけです。しかし、テストはそうはいきません。**「この問題」に対し、「このように反応」する人の学力を直接確認するすべはない**のです。

先程、人は学んだことで「学力」を身につけると言いました。しかし、その「学力」の中身はと言うと、こういうことを学んだので、"おそらくこういうこと（もの）"を身につけたのではないか、と仮定しています。誰が、と言うと、たとえば、テストを実施したい人が、です。

図2の①のように、頭の中のブラックボックスに"おそらくこういうこと（もの）"を身につけたと仮定します。頭の中にこういうものがあるだろうと仮定して、それを測るのがテストです。測り方は、受験者にテストを受けてもらい（**図2**の②）、結果を分析して（**図2**の③）、頭の中のブラッ

図2 テストは学力を仮定することから始まる

クボックスの中にあると仮定した学力を、おそらくこうではないか、と推定するのです（**図2**の④）。このように、「テストは仮定することから始まる」と思うのですが、いかがでしょうか。

3 学力を数値化する過程

　学力を数値化する過程は、「採点」の過程と「得点化」の過程から成ります。ここでの採点とは、受験者の解答を、正答、部分的に正答、誤答等に分類することとします。そして、採点結果から得点を求める過程を、「得点化」として、両者を区別したいと思います。

(1) 採点と採点基準

　まず、採点について考えましょう。採点をおこなう前に、解答を分類するための基準を作っておかなくてはなりません。それが、採点基準です。採点基準は、正答として求める条件（ただし、一つとは限りません）、とも

言えます。条件が一つなら、採点結果は〇か×かの2通りとなります。二つ以上あれば、すべての条件を満たす解答が「正答」、部分的に条件を満たす解答が「部分的に正答」(つまり、部分点)、すべての条件を満たさない解答は「誤答」となります。

　なお、採点基準を決める際には、テスト実施者の主観が入ってもかまいません。主観が入っても良いという意味は、好き勝手なことをしても良いということではありません。

　たとえば、「xについての1次方程式を解きなさい」、という記述式の問題があったとします。解答欄に真っ白な四角い枠があり、そこに答えを書くことになっています。正解は、$x=\frac{1}{2}$ だとしましょう。そのとき、「$x=$」を書かずに、「$\frac{1}{2}$」と書いた解答をどうするのか、約分し忘れて、「$x=\frac{2}{4}$」と書いた解答はどうするのか、大文字の X を使って「$X=\frac{1}{2}$」はどうするのか、等々。どれを正答とし、どれに部分点を与え、どれを誤答とするのかは、テスト実施者が、そのテストの実施目的等を考えて、自ら決めれば良いのです。つまり、**採点基準にはテスト実施者の考え方が入っても良い**ということです。ただし、なぜそのように決めたのか。この点については一貫した考え方がないとだめです。xについての1次方程式を解きなさいという問題を2題出題して、片方は「$x=$」を書かなくても正答、もう一方は「$x=$」を書かないと誤答、という採点基準ではいけません。もちろん、そこに何らかの理由があれば、話は別ですが。

　採点基準作りにはテスト実施者の考え方が入っても良いと述べましたが、**採点には主観が入ってはいけません**。採点とは、受験者の解答を採点基準と比較して、正答、部分的に正答、誤答などに分類することです。決められた基準に照らし合わせておこなうことですから、誰が、いつ、どこで採点をしても、同じ解答に対しては同じ採点結果にならなくてはなりません。つまり、客観的でなければならないのです。しかし、採点をおこなったことのある方なら、このことがいかに大変かは実感されていると思います。いざ採点を始めてみると、50枚目の答案に、事前に決めておいた採点基準

では判断できない解答が見つかった。検討の結果、新たな採点基準を設け、1枚目の答案から再採点。すると、75枚目の答案に採点基準では判断できない解答が見つかった。新たな採点基準を設け、1枚目から再採点……。客観的に採点しようとすると、このループに入り込んでしまいます。また、できるだけ細かく受験者の学力を見ようとして採点基準に多くの条件を盛り込めば、採点結果にブレが生じないように採点に悩むことになります。

　マークシート方式のテストの場合は様子が違ってきます。つまり、マークシート方式であれば、一般的に、記述式のテストよりも、採点基準の作成も、採点も比較的容易におこなうことができます（あくまでも記述式との比較であって、マークシート方式は採点基準作りも採点も容易だと言うわけではありません）。しかし、昨今、マークシート方式のテストに対する疑問が出てきて、記述式のテストにするべきではないかという議論がなされています。もしも、記述式のテストにするのであれば、ここで取り上げたような採点基準や採点に関する大きな課題を解決しなくてはなりません。そうしないと、IRTなどの精緻なテスト理論を使ったとしても、前段階の採点がきちんとできていないのであれば、意味のある結果は得にくいことになります。もともとの材料が良くなくては、いくら腕によりをかけても、おいしい料理に仕上げるのが難しいのと同じです。

(2)　得点化

　採点が済んだら、次のステップが得点化です。「得点化」によって得られたテストの得点（以下、「テスト得点」と呼びます）にはいくつかの種類があります。次に、従来の「テスト得点」について考えてみましょう。そして、そこでの検討結果をふまえてIRTの世界に入っていきたいと思います。

第3章 従来の「テスト得点」

　IRTの説明に入る前に、従来の「テスト得点」の特徴をまとめておきましょう。そのために従来の「テスト得点」を二つに分類します。ただし、これは私の勝手な分類ですから、世の中で通用するかどうかはわかりませんのでご注意ください。

　　第1グループ：正答数得点、重みつき正答数得点、正答率、得点率
　　第2グループ：標準得点、偏差値

1 第1グループの得点の求め方
(1) それぞれの得点を一言で言えば

正答数得点
　　正答した問題の数を数える。

重みつき正答数得点
　　個々の問題の採点結果に対する配点を合計する。

配点とは、個々の問題について、正答、誤答、部分的に正答などの採点結果に応じた得点のこと。たとえば、問1は正答が1点で誤答が0点。問2は正答が3点で誤答が0点。問3は正答が3点、部分的に正答が1点、誤答が0点という具合です。

正答率

正答数得点を、そのテストで出題した設問数で割る。比率または百分率で表わすことが多い。

得点率

重みつき正答数得点を、そのテストの満点値で割る。比率または百分率で表わすことが多い。

正答率や得点率は、正答数得点や重みつき正答数得点をもとにした得点ですから、ここでは正答数得点と重みつき正答数得点について考えてみたいと思います。まずは、正答数得点を取り上げます。

(2) 問題の難度が反映されない「正答数得点」

正答数得点は、正答した問題の数を数えれば良いので求め方は比較的簡単です。しかし、正答数得点を用いるときに出てくる疑問は、問題によって難度も重要度も違うのに、その違いを無視しても良いのか。つまり、**難しい問題に正答したことも、易しい問題に正答したことも同じ評価で良いのか**、ということだと思います。たとえば、易しい問題、標準的な問題、難しい問題の3題が出題されるテストがあるとします。このとき、正答数得点が2点となる正答・誤答のパターン（正誤パターン）は、**表2**の通りです。

表2　正答数得点が2点となる正誤パターン

易しい	標準	難しい	正答数得点
○	○	×	2
○	×	○	2
×	○	○	2

表2を見ると、3通りの正誤パターンを等しく評価するのが正答数得点ですが、確かに「それでいいのかな」と、疑問が残ります。
　個々の問題の難度や重要度が違う場合に適さないならば、**難度も重要度も同じとみなせる場合は、正答数得点を積極的に使っても良い**ということになります。
　少々極端な例を用いますが、「掛け算九九」のテストの場合、「1×1」から「9×9」まで、難度は同じとは言い切れないかもしれませんが、少なくとも重要度は同じです。81個の掛け算のうち、いくつできているか（つまり、正答数得点）は意味があります。A君が81個から成る九九のテストを受けたとしましょう。前回は70個できました（正答数得点は70点）が、今回は79個できました（正答数得点は79点）。A君は九九を完全に覚えるまで、もう一息です。この場合、正答数得点には十分な意味があり、得点を比較することも可能です。しかし、このような場合は少ないかもしれません。そこで、個々の問題の難度や重要度などの観点をもとに配点をつける（「重みづけ」をおこなう）ことになります。
　なお、**問題数が同じである場合、正答数得点よりも重みつき正答数得点のほうが、得点の種類が多くなります**。このことも、重みつき正答数得点のほうが、正答数得点よりも用いられることが多い理由だと思います。たとえば、三つの問題からなるテストを考えてみましょう。正答数得点の場合、得点は0点から3点の4通りです。一方、重みつき正答数得点の場合、第1問を1点、第2問を2点、第3問を3点とすると、0点、1点、2点、3点、4点、5点、6点の7通りの得点がありえるのです。

(3)　配点の決め方が重要な「重みつき正答数得点」

　重みつき正答数得点の中で、満点値が100点のテストについて考えてみたいと思います。なぜ100点満点のテストかと言うと、これまでに私が受けてきたテストや、ハピラルがお引き受けしているテストは、満点値100の重みつき正答数得点を使うことが圧倒的に多いからです。皆さんもテストと言えば、100点満点のテストを思い浮かべられるのではないでしょ

か。しかし、なぜ、100点満点にしなくてはならないのでしょうか。この問いに対して、少なくとも私はうまい答えを持ち合わせていません。

　重みつき正答数得点の場合、テストに出題する個々の問題に対して、どのように重み（＝「配点」）をつけるのか。これが、とても重要です。なぜなら、**配点のつけ方によって、受験者の合計得点が変わることがあるから**です。しかし、個々の問題の配点をどのように決めるのかは、けっこう難しい問題です。多くの場合、「合理的で客観的な根拠」に基づく方法はないのではないでしょうか。

　いくつか配点の決め方を考えてみましょう。算数の「つるかめ算」を使えば簡単です。たとえば37題で100点満点のテストにする場合。100÷37＝2.7……。37題をすべて2点とすると、2×37＝74　100−74＝26。全問2点では26点足りないので、26題を3点、残りの11題を2点にすると、2×11＋3×26＝22＋78＝100。次に、37題の問題を難しい順に並べて、上位26題を3点、残り11題を2点にすれば、めでたし、めでたし、です。しかし、これは、いかにも乱暴で、まったくめでたくはありませんね。それに、そもそも、37題の問題を難しい順に並べるためにはどうすれば良いのか、それは決して容易ではありません。

　もう一つの方法は比較的よく使われているのではないでしょうか。18題の問題から成るテストがあるとしましょう。このテストは、五つの大問から成っており、各大問は、それぞれ異なる分野から出題されます。大問1には3題、大問2には3題、大問3には3題、大問4には4題、大問5には5題の小問が含まれています。また、各大問には、基本的な内容から応用・発展的な内容まで出題されます。

　まず、大問の配点を決めます。「大問に含まれる小問数に基づいて」、大問1～3がそれぞれ17点、大問4が22点、大問5が27点とします。

　次に、大問ごとに決められた配点を小問に割り振っていきます。ここで、P先生とQ先生の二人が案を作ることにしました。その際、同じ大問に含まれる小問を互いに比較して、「各小問の出題内容の難度や重要性などを検討して」案を作ることにしました。ただし、「難度や重要度など」をどの

ように考えるかは、それぞれの先生に一任です。二人の先生の配点案をまとめると**表3**のようになりました。

(4) 2通りの配点で起きたこと

さあ、どうでしょうか。P 先生よりも Q 先生の案のほうが、配点の差が大きいようですが、どちらの配点案のほうが良いのでしょうか。どちらも良さそうで、これでなくてはならないという明確な理由を探すのは難しそうです。そこで、二人で議論して決めることにしました。しかし、なかなか議論が成り立たず、決着がつきません。結局、テストを実施して、あらためて配点を検討することになりました。

このテストを A 君と B 君の二人が受験しました。テストの点が良いほ

表3　2通りの配点案

大問番号	小問番号	P先生案 配点	P先生案 小計	Q先生案 配点	Q先生案 小計
1	1	4	17	3	17
1	2	6		6	
1	3	7		8	
2	1	4	17	3	17
2	2	6		6	
2	3	7		8	
3	1	4	17	2	17
3	2	6		6	
3	3	7		9	
4	1	4	22	2	22
4	2	5		4	
4	3	6		7	
4	4	7		9	
5	1	4	27	2	27
5	2	4		3	
5	3	5		6	
5	4	6		7	
5	5	8		9	
配点の合計		100	100	100	100

うが合格となります。A君は第1問から解き始めて1題、1題、順番に解いていきます。難しい問題にあたっても、飛ばして次の問題に手をつけることはありません。一方のB君は、易しそうな問題、解けそうな問題から手をつけていきます。二人の結果は**表4**の通りです。二人の正誤状況を見ると、問題を解いていくやり方が反映された結果になっています。配点が決まっていませんので、正答数得点とともにP先生案とQ先生案をもとに重みつき正答数得点を算出しました。

正答数得点やP先生案の配点による重みつき正答数得点では、A君よりもB君のほうが良い結果です。やはり、テストは解けそうなところから手をつけるのが良いのでしょうか。しかし、Q先生案の配点による重みつき

表4　2通りの配点案による得点

大問番号	小問番号	正答数得点 A君	正答数得点 B君	P先生の配点 配点	P先生の配点 A君の結果	P先生の配点 B君の結果	Q先生の配点 配点案	Q先生の配点 A君の結果	Q先生の配点 B君の結果
1	1	○	○	4	4	4	3	3	3
1	2	○	○	6	6	6	6	6	6
1	3	○	×	7	7	0	8	8	0
2	1	○	○	4	4	4	3	3	3
2	2	○	○	6	6	6	6	6	6
2	3	○	×	7	7	0	8	8	0
3	1	○	○	4	4	4	2	2	2
3	2	○	○	6	6	6	6	6	6
3	3	○	×	7	7	0	9	9	0
4	1	×	○	4	0	4	2	0	2
4	2	×	○	5	0	5	4	0	4
4	3	×	×	6	0	0	7	0	0
4	4	×	×	7	0	0	9	0	0
5	1	×	○	4	0	4	2	0	2
5	2	×	○	4	0	4	3	0	3
5	3	×	○	5	0	5	6	0	6
5	4	×	×	6	0	0	7	0	0
5	5	×	×	8	0	0	9	0	0
合計		9	11	100	51	52	100	51	43

○：正答　×：誤答

正答数得点では、A君のほうがB君よりも良くなります。また、B君の重みつき正答数得点は、Q先生案の配点では、P先生案の配点に比べて、何と9点も下がってしまいます。

　P先生の配点案にもQ先生の配点案にも、それぞれに筋の通った考え方があり、どちらかの考え方が間違っているというわけではありません。そのため、実施前に配点を決めずにテストの結果を見て判断することにしていましたが、結果を見るとますます決められなくなりました。しかし、このテストの結果で、A君かB君のどちらかを合格、どちらかを不合格としなくてはなりません。一体全体、P先生とQ先生のどちらの配点案のほうが、A君とB君の学力を正しく捉えているのでしょうか。二人の先生の配点に食い違いが生じるのであれば、重みつき正答数得点ではなく、正答数得点のほうが良いのでしょうか。しかし、個々の問題の難度が違うので、その方法を採用することは避けたいところです。一体、どうすれば良いのでしょうか。

(5)　事前にやっておくべきだったこと

　もし、私が問われたとすれば、「残念ながら、この時点で聞かれましても何ともお答えの仕様がございません。」と答えるしかありません。しかし、テストソリューションズを掲げる会社の社長としましては、「わかりません、ごめんなさい」とは言えませんので、テストを実施する関係者の皆さんが少しでも納得できるように、テストの実施目的や、テストで何を知りたいと考えたのかなどについて、急ぎ再検討することを提案するでしょう。

　何のためにこのテストを実施し、このテストを実施することで何を知りたいのか。そのためには、P先生案とQ先生案のどちらのほうが妥当と言えるのか。このことを検討し結論を出すしかないのです。そもそも、このような検討が不十分だったから、今頃になってあわてることになるのですが、後の祭りです。この話を、先程の"しかめ面さん"にして、彼の意見も聞いてみたいところです。彼は、「結局のところわからないのなら、配点はいい加減に決めてもかまわないのでしょうか」と、困った顔をして私に

尋ねるかもしれません。私の答えは、「否、絶対に否」。いい加減な方向に走ったら、それこそオシマイです。

(6) 100点満点の呪縛

　もう一つ、個々の問題を解くことにどのくらいの時間がかかるか、という観点で配点を決める方法がありえます。

　たとえば、①「基本的な知識を一問一答式で問う多枝選択式の問題」は、答えを出すまでの時間は比較的短いと考えられます（もちろん、昨日の晩せっかく覚えたのに、どうしても思い出せないと、うーん、うーん、と悩んでいる場合は別ですが）。そして、②「基本的な技能を確認する短答式の問題」は、①よりも解答までの時間がかかると考えられます。さらに、③「基本的な知識や基本的な技能を組み合わせて問題を解くことができるかを確認する論述式の問題」は解答までの時間がよりかかるでしょう（さっさとあきらめてしまう場合は別です）。そして、①から③に対して個々の配点を決めれば良いということになります。

　その際、①〜③をそれぞれ何点にするかは、検討のしどころです。十分に検討して決めた配点ですが、合計すると100点にならないことがありえます。そうなると、丁寧に配点を決めた過程を無視して、数字合わせをしなくてはなりません。しかし、そもそも100点満点のテストでなければ、何か大きな問題が生じるのでしょうか。そうでなければ、94点満点とか、103点満点でもいいように思います。どうしても、100点満点でなければダメとおっしゃるのなら、得点率にすればいいと思いますが、納得はされないかもしれませんね。これが、「100点満点の呪縛」です。

　「100点満点の呪縛」は、一つ前の配点の決め方でも見られると思います。たとえば、100点満点にするために、大問1の配点17点を三つの問題に振り分けなければならない。どの問題も同じ程度の難しさなので、各5点が妥当であるのに、無理して配点に差をつけなくてはならない。少し、変な話だと思われませんか。

(7) テスト得点に潜む「あいまいさ」

　「100点満点の呪縛」の話から「配点は大事なのに合理的な決め方がない」という話に戻りましょう。これは本当に困ったことだと思います。さらに困ったことに、テストの実施後、平均点や標準偏差などをもとにテストの振り返りをしますが、個々の問題の配点が適切だったかどうかの検証は、ほとんどの場合なされていないのではないでしょうか。また、そもそも、配点が適切であったのかどうか、どうやって検証すれば良いのでしょうか。合理的な配点の決め方はないし、配点が妥当かどうかを十分に検証することもできない。だから、これまでのテストの得点には、絶対にこうだ、と自信をもって言い切れない部分がどうしても残ってしまう。このように思います。

　こう書くと、「自分たちは事前にきちんと配点を決め、正確に採点し、ミスのないように得点を合計しています」と自信をもっておられる方はイヤな顔をされるかもしれません。たとえば、80点という得点は、テストに出題した問題のうち、正答した問題に対する配点の合計です。採点が基準通りになされ、配点に応じた得点の合計も正確になされたとしても、そもそも、個々の問題の配点は、「合理的で客観的な根拠」をもって決められているのでしょうか。そこには、この問題の配点は、おそらく△点で良いのではないか、という「あいまいさ」の要素が混じっているのではないでしょうか。個々の問題の配点を、おそらく△点で良いのではと決め、おそらくそれで良いだろうと決めた配点の積み重ねが、受験者の合計点になっているのではないでしょうか。

　このように、受験者の合計得点に「あいまいさ」が入り込んでいるとするなら、それはどの程度なのでしょうか。もしも、「あいまいさ」の程度が客観的にわかれば、その事実をふまえてテストの得点を解釈すれば良いと思います。そして、過度の自信を持つことなく、「あいまいさ」の事実をふまえて、謙虚にテストの結果を活用すれば良いと言えます。しかし、この「あいまいさ」の程度を表わすことは、従来のテストでは容易ではありません。

では、どうすれば良いのか。従来のテストは、「あいまい」だから意味がないということになるのでしょうか。さすがに、それは極端な結論ですね。一つの考え方ですが、同一の受験者を対象とした同じ目的のテストであれば、同じ内容で同程度の難度と考えられる問題については、常に配点を同じにするのです。たとえば、毎年4月に新入生を対象に実施する英語のテストで、単語の意味を問う問題は常に2点、文法についての空所補充の問題は常に3点、英文の要旨を読み取る問題は常に4点とするのです。こうしておけば、配点の大きさの是非の議論は残りますが、毎年、安定的に新入生の学力を把握することが可能になると思います。

2 第2グループの得点の求め方

標準得点：（得点－平均値）÷標準偏差　　　　　　　　　　　　（式1）
偏差値：{（得点－平均値）÷標準偏差}×10＋50　　　　　　　　（式2）

上記の（式1）と（式2）における「得点」には、第1グループで取り上げた正答数得点、重みつき正答数得点、正答率、得点率が該当します。

(1) 得点の比較ができる第2グループ

私が第2グループとする標準得点と偏差値は、第1グループにはない長所を持っています。それは、**ある条件のもとで得点の比較ができる**ということです。第1グループは、どうやって配点を決めるのかなど、得点を求めるうえで解決すべき課題を抱えています。そして、仮に課題が解決できたとしても、異なる問題から成るテストの結果を比較することは極めて困難です。これを解決するのが、皆さんにもおなじみの偏差値です。

ここで少し聞き慣れない話をします。（式2）で表わされる偏差値を Z 得点と呼ぶことがあります。また、得点分布に正規分布の仮定を入れる場合もあり、その場合は T 得点と呼びます。統計用語として T 得点と Z 得点があり、それを偏差値と呼んでいます。T 得点を偏差値と呼ぶ場合もあ

りますが、一般的に、偏差値と言えばZ得点を指します。本書でも、Z得点のみを取り上げます。

話を戻します。偏差値を求める（式2）には、平均値と標準偏差が入っていますので、偏差値を考える前に、平均値と標準偏差、そして標準得点について確認しておきましょう。

(2) 平均値

平均値について、高校の教科書を見ると、「データの値が x_1、x_2、……、x_n であるとき、平均値 m は、$m=(x_1+x_2+……+x_n)\div n$」、と説明してあります。つまり、受験者の得点を足して、その合計点を受験者の人数で割ることで求めることができます。

※次の 探究路1 は飛ばして読み進めていただいてけっこうです。

探究路1　平均値の求め方

平均値を、「それぞれの得点との差の2乗の合計が最小となる値である」とする定義がありますので、この定義から平均値の求め方の式を導き出してみます。

$$f(m) = \sum(x_i-m)^2 \text{ とする。}$$
$$\begin{aligned}f(m) &= \sum x_i^2 - 2(\sum x_i)\cdot m + nm^2 \\ &= nm^2 - 2(\sum x_i)\cdot m + \sum x_i^2 \\ &= n\left(m^2 - 2\frac{\sum x_i}{n}\cdot m\right) + \sum x_i^2 \\ &= n\left(m - \frac{\sum x_i}{n}\right)^2 - \frac{1}{n}(\sum x_i)^2 + \sum x_i^2\end{aligned}$$

ここで $f(m)$ を最小とするのは、m^2 の係数 $n>0$ だから、

$$m = \frac{\sum x_i}{n} \text{ のときである。}$$

また、次のように導くこともできます。
$f(m) = \sum (x_i - m)^2$ を、m について微分すると、
$f'(m) = -2\sum (x_i - m)$ となる。
この式が 0 となる m を求めれば良い。
$$\sum (x_i - m) = 0$$
$$\sum x_i - \sum m = 0$$
$$\sum m = \sum x_i$$
$$nm = \sum x_i$$
よって、$m = \sum \dfrac{x_i}{n}$

(3) 標準偏差

　次は標準偏差です。これも高校の教科書を見ると、分散の求め方の説明のあとで、標準偏差は分散の正の平方根とあり、標準偏差とは「**データの散らばりの度合を表わす値**」と書かれています。

　「データの散らばりの度合」とは何のことでしょうか。これだけでは正体がよくわかりません。私も、標準偏差について聞かれると、「得点と平均の差の 2 乗を足して人数で割って、その正の平方根が標準偏差なんだけどね……」と、自分でもお決まりの説明になってしまいます。ただ、これではわかりにくいので、「100 点満点の英語、数学、国語のテストがあるとして、それぞれの標準偏差の値を比較すると、数学、英語、国語の順番になることが多いよ。得点分布のグラフはよく見るでしょ。ほら、たいてい、数学はグラフが左右に広がって高原みたいになるでしょう。でも、国語はその逆で、左右に広がらないで高い山になるよね。あのグラフの広がり方の感じを数字で表わしたんだよ」。

　苦しい言い訳をするようにこう付け加えると、少し怪訝な顔ながらも「ふーん」とうなずき、これで標準偏差の話は終わりとなります。私はこれ以上の説明はできないし、自分もこれ以上聞いてもわからないと思うからでしょう。

表5 標準偏差の求め方

ID	得点	得点－平均値	（得点－平均値）の2乗
1	70	20	400
2	65	15	225
3	65	15	225
4	60	10	100
5	55	5	25
6	50	0	0
7	45	－5	25
8	40	－10	100
9	35	－15	225
10	15	－35	1225
合計	500	0	2550

標準偏差＝$\sqrt{2550 \div 10} = 15.96\cdots\cdots \fallingdotseq 16$

　受験指導では当たり前のように使う偏差値。偏差値を求める際には、平均値と標準偏差を使います。（式2）を見ると、平均値は表舞台に立っていますが、標準偏差はその陰にひっそりと隠れているように、私には見えます。標準偏差の正体を簡潔に説明することは難しいので、簡単な例を使って求め方だけでも確認してみましょう。**表5**は、1番から10番の10人の生徒がテストを受けた結果を得点順にまとめたものです。

(4) 標準偏差の求め方

　10人の得点を合計すると500点になります。10人の合計ですから、平均値は50点です。求めたいのは得点の散らばりの度合ですが、散らばりの度合なんてどう考えれば良いのか、よくわからないですよね。そこで、平均値を基準にして、1番の生徒から10番の生徒のそれぞれの得点がどのくらい隔たっているか（平均値との差がどのくらいあるのか）に注目してみましょう。**表5**の「得点－平均値」の欄が、それぞれの得点から平均値

を引いた値です。この値は、それぞれの得点の平均値からの隔たりですから、これを全部足しましょう。すると、結果は 0 です。「エーッ」と驚かれますか。それとも、「当たり前でしょう」とお感じになりますか。

※次の **探究路2** は飛ばして読み進めていただいてけっこうです。

探究路2　「得点－平均値」の和は 0

> ここで取り上げた例に限らず、「得点－平均値」の和は必ず 0 になります。
>
> データの値が x_1、x_2、……、x_n であるとき、平均値 m は、$m = (x_1 + x_2 + …… + x_n) \div n$ で求めることができます。これをもとに、式変形してみましょう。
>
> $$m = (x_1 + x_2 + …… + x_n) \div n$$
> $$m \times n = x_1 + x_2 + …… + x_n$$
> $$x_1 + x_2 + …… + x_n = m \times n$$
> $$(x_1 + x_2 + …… + x_n) - m \times n = 0$$
> $$(x_1 - m) + (x_2 - m) + …… + (x_n - m) = 0$$
>
> よって、「得点 － 平均値」の和は必ず 0 になります。

得点と平均値との差の合計は 0 になるので、これではいけません。そこで、差の 2 乗を計算します。2 乗すれば負の数になることはありませんので、合計しても 0 になることはありません。その結果が**表 5** の「(得点－平均値) の 2 乗」の欄です。合計すると、2550 という値になりました。この値は、負ではない数の合計ですから、足す個数が多いほど（つまり、データ数が多いほど）、大きくなる傾向があると言えます。そうなると、生徒が 300 人の校内テストと生徒が 20,000 人の県内テストでは、まず間違いなく、県内テストのほうが大きな値になってしまいます。これでは、データの数がほぼ同じ場合以外は、散らばりの度合いを比較できなくなります。これ

ではダメです。

　データ数の多い少ないの影響をなくすには、「(得点－平均値) の 2 乗」の合計をデータの数で割れば良さそうです。表 5 の例では、10 人のデータですから、2550÷10＝255 となります。255 という値はデータの散らばりの度合を表わす数値としては、どう見ても大きすぎますね。なぜなら、最低点が 15 点、最高点が 75 点ですから、散らばり度合を表わす数値としては絶対におかしいです。そこで、うん、ちょっと待てよ、となります。得点から平均値の差を 2 乗していますから、2 乗しない前に戻す必要がありそうです。2 乗した数を 2 乗する前に戻すということは、そうです、正の平方根を求めればいいのです。

　平方根を求めるとき、エクセルならば SQRT 関数です。ちなみに、私が中学生のときに初めて平方根を習ったときは、確か、開平法という計算方法が教科書の隅っこに載っていたと思います。そんな大昔のことはいいとして、エクセルで計算すると、255 の正の平方根は 15.968……。およそ、16 となります。これが、標準偏差です。あらためて、表 5 を見てみましょう。平均値の 50 点を基準にして、標準偏差の 16 点の範囲（66 点～34 点）の中に、10 個の得点のうち、8 個の得点が入っています。平均値からだいたい ±16 点の範囲にほとんどのデータが含まれていますね。データの散らばり度合を表わす数値として、「なるほどね」という感じがしますが、いかがでしょうか。

(5) 標準得点とその求め方

　p. 47 の (式 1) を見てください。標準得点を求める際は、まず得点から平均値を引き、標準偏差で割ります。つまり、**得点と平均値の差が標準偏差の「いくつ分」に当たるかが、標準得点**だと言えます。

　表 5 のデータについて、標準得点を求めてみましょう。1 番から 10 番までの生徒の平均値 50 と標準偏差 16 を使います。まず、1 番の生徒の標準得点を求めます。標準得点を求める式は、「(得点－平均値)÷標準偏差」ですから、これに当てはめてみましょう。この生徒の得点は 70 点ですか

表6　標準得点の求め方

ID	得点	得点－平均値	標準得点 ＝(得点－平均値) ÷標準偏差
1	70	20	1.25
2	65	15	0.94
3	65	15	0.94
4	60	10	0.63
5	55	5	0.31
6	50	0	0.00
7	45	－5	－0.31
8	40	－10	－0.63
9	35	－15	－0.94
10	15	－35	－2.19

ら、「(得点－平均値)」は、70－50＝20。この値を標準偏差の16で割ると、20÷16＝1.25。この1.25が1番の生徒の標準得点です。同様の方法で、2番から10番の生徒の標準得点を求めると、**表6**のようになります。平均値と同じ得点だった6番の生徒の標準得点は0.00、また、平均値よりも得点の高かった1番から5番の生徒の標準得点は正の値、そして、平均値よりも得点の低かった7番から10番の生徒の標準得点は負の値となっています。

(6) 偏差値とその求め方

　(式2) の「(得点－平均値)÷標準偏差」は (式1) と同じですから、**偏差値は、標準得点を10倍して50を足したもの**です。なぜ、偏差値は、標準得点を10倍して50を足すかと言うと、標準得点では、平均値よりも低い得点を標準得点にすると、マイナスの値になるからだ、と聞いたことがあります。それだけの理由であれば、10倍して70を足しても、100倍して400を足しても同じことです。つまり、偏差値を求める (式2) において、

「(得点－平均値)÷標準偏差」の部分、つまり（式1）の部分が重要で、この結果に10倍して50を足す部分は、さほど重要ではないと思います。

偏差値は、特に受験指導の場面などで当たり前のように使われています。受験指導で偏差値がよく使われる理由の一つは、「同一集団における相対的な位置を数値で表わすことができる」からだと思います。ただし、偏差値は、平均値を基準にして、標準偏差を単位として、どのくらい上か下かを表わすものですから、**偏差値を比較する際は、平均値は同じ集団のものでなければなりません。**

(7) 同じ集団でも比較できない偏差値

では、同じ集団であれば、どのような場合でも偏差値は比較できるのでしょうか。ある学校で毎月テストが実施されるとして、このことを考えてみましょう。**表7**に、4月から9月まで実施された100点満点のテストの、平均値と標準偏差をまとめました（ただし、説明のために私が考えたデータです）。このテストで出現しうる最低点の0点に対応する偏差値（＝「最小偏差値」）と最高点の100点に対応する偏差値（＝「最大偏差値」）、さらに、最大偏差値と最小偏差値の差も示しています。

表7　偏差値の範囲

実施月	平均値	標準偏差	最小偏差値	最大偏差値	最大偏差値と最小偏差値の差
4	50.0	15.0	16.7	83.3	66.7
5	50.0	20.0	25.0	75.0	50.0
6	50.0	25.0	30.0	70.0	40.0
7	40.0	20.0	30.0	80.0	50.0
8	50.0	20.0	25.0	75.0	50.0
9	60.0	20.0	20.0	70.0	50.0

もともとのテストは、0点から100点まで測ることのできるテストですが、偏差値にすると、毎回のテストの最小の偏差値と最大の偏差値の値は

同じではありません。その理由は、テストによって、平均値と標準偏差の値が異なるからです。しかも、平均値と標準偏差はテストの実施後でなければわかりませんので、偏差値の範囲は事前にはわからないということになります。テストは学力を測る測定道具であるにもかかわらず、偏差値を用いると、測定可能な範囲が事前にはわからないというわけです。しかも、同じテストであっても、受験した集団によって平均値と標準偏差が違えば、測定範囲も変わってしまいます。これは、とても奇妙な感じがしますが、皆さんはいかがでしょうか。

(8) 測定範囲が変わる偏差値

表7を見ると、4月から6月は、毎回のテストの平均値は同じ値ですが、標準偏差の値が違います。標準偏差の値が大きいほど、偏差値の最大の値と最小の値の差は小さくなり、測定できる範囲が狭くなっています。このことを図に表わすと下のようになります。

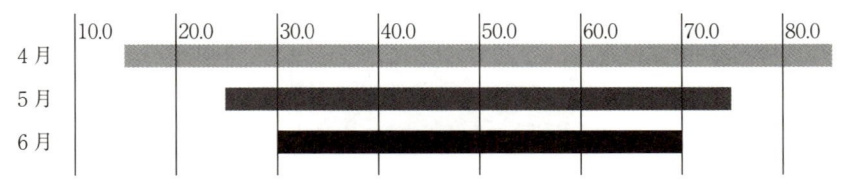

図3　4月から6月のテストの偏差値の範囲

4月のテストで90点を取った生徒がいたとします。90点を偏差値にすると76.7です。この生徒が5月のテストで100点を取ったとすると、偏差値は75.0です。76.7から75.0に下がっていますが、これは5月のテストは偏差値が75.0までしか測れないからであり、この生徒の偏差値が下がったのか本当のところはわかりません。もちろん、上がっているのか、変わらないのかもわかりません。また、4月のテストで10点だった生徒がいたとします。このときの偏差値は、23.3です。この生徒が5月のテストでは残念ながら0点だったとすると、偏差値は25.0です。偏差値は上がっていますが、「少し成績が上がったね」、と褒める先生はいらっしゃるでしょ

か。5月のテストは、偏差値 25.0 からしか測定できなかったので、こんなことが生じてしまいました。

次に、7月から9月の結果を見ると、平均値は異なりますが、標準偏差の値は同じです。平均値が大きいほど、測ることのできる偏差値の範囲が低いほうに移っていきますが、最大の偏差値と最小の偏差値の差は変わりません。このことを図に表わすと下のようになります。

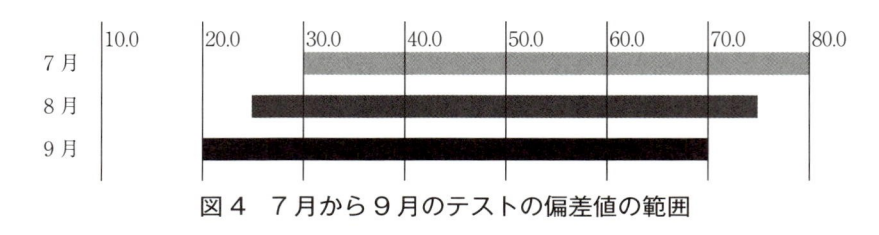

図4　7月から9月のテストの偏差値の範囲

7月のテストで0点だった生徒がいたとしましょう。偏差値は 30.0 です。この生徒は、8月のテストでは0点ではなく5点でした。このときの偏差値は、27.5 です。この生徒はほとんど勉強をせず、4月から7月までのテストでは連続して0でした。けれども、あることがきっかけとなって、7月以降少し勉強するようになり、その結果、8月のテストでは二つ正答して5点取れました。そうだとするならば、7月から8月にかけて、この生徒の偏差値が下がっていることよりも、0点ではなく5点取れたことに着目すべきです。そして、この生徒が少しではあっても勉強に取り組んだ成果を、偏差値では表現できないということにも注目すべきです。

(9)　変化の仕方がわからない偏差値

偏差値は、同一集団において平均値よりもどのくらい上か、下かを表わす値だ、と言われることがあります。しかし、「どのくらい」については標準偏差を使ってきちんと説明されるべきですが、残念ながらそのようにはなっていないと思います。平均値の変化だけでは納得しにくい偏差値の変化の例を、次に四つ（①～④）取り上げます（いずれも説明のために私が作ったものです）。

① みんなもがんばっているから、なかなか偏差値は上がらないな。

表8　偏差値の変化①

実施月	A君の得点	A君の偏差値	平均値	標準偏差
4	57	58.5	40.0	20.0
5	58	58.5	41.0	20.0
6	59	58.5	42.0	20.0
7	60	58.5	43.0	20.0

　A君の得点も平均値も毎月1点ずつ上がっています。A君の得点と平均値との差が変わらないから、偏差値も変わらない。これは納得しやすいかもしれません。しかし、標準偏差が毎月同じであることも、A君の偏差値が変わらない理由の一つです。

② みんなと同じようにがんばっているのに、なんで偏差値が下がるの?!

表9　偏差値の変化②

実施月	B君の得点	B君の偏差値	平均値	標準偏差
4	57	60.0	40.0	17.0
5	58	59.4	41.0	18.0
6	59	58.9	42.0	19.0
7	60	58.5	43.0	20.0

　B君の得点と平均値の上がり方が同じです。しかし、標準偏差が毎月少しずつ大きくなっています。毎月の平均値と標準偏差の値を基に偏差値を計算すると、B君の偏差値は、毎月0.5程度下がり続ける結果になりました。

③ みんなよりがんばっているのに、なんで、**偏差値が下がるの!!**

　先程のB君よりさらに極端な例です。平均値は毎月同じですが、C君の得点は毎月5点ずつ上がっています。それなのに、偏差値は下がっていま

表10　偏差値の変化③

実施月	C君の得点	C君の偏差値	平均値	標準偏差
4	55	69.2	30.0	13.0
5	60	67.6	30.0	17.0
6	65	66.7	30.0	21.0
7	70	66.0	30.0	25.0

す。標準偏差の月ごとの変化が極端ですが、絶対にありえないとは言えないと思います。もし、C君が相談に来たらどのように対応すればいいのでしょう。しかも、志望校の合格偏差値が67.5だとしたら、深刻な話になりそうです。偏差値を求める式を説明すれば納得してくれるでしょうか。同じ生徒を対象としたテストであるにもかかわらず、こんなに標準偏差が変化するテストを作ったことが一番の問題です。

④ **点数が下がっているのに、偏差値は上がっているから、気にしない、気にしない。**

表11　偏差値の変化④

実施月	D君の得点	D君の偏差値	平均値	標準偏差
4	70	65.0	40.0	20.0
5	68	65.9	41.0	17.0
6	66	66.0	42.0	15.0
7	64	66.2	43.0	13.0

C君とは反対のことが生じています。平均値は上がっているのに、D君の得点は下がっています。それなのに、偏差値は上がっています。標準偏差の変化の仕方に原因がありそうです。同じ生徒を対象にして、同じ目的のテストであるなら、この例のように標準偏差が大きく変化するようなテストを作ってはいけないということです。

3 従来の「テスト得点」の問題点

　従来の「テスト得点」について検討したことをまとめてみます。

① 出題された問題が異なるテストの場合、正答数得点や重みつき正答数得点を比較することは極めて難しい。

　テストの得点は、テストの難度と受験者の学力によって決まります。そのため、出題される問題が異なるテストの結果を相互に比較する場合、受験者の学力とテストの難度がどの程度影響しているのかを客観的に判断することは極めて困難です。もし、出題される問題がすべて同じであれば、テストの難度の影響を固定することができますので、得点の違いは受験者の学力の違いであると判断できます。たとえば、4月に入学した新1年生に対して、毎年同じ問題のテストを実施する場合などが当てはまります。こうすれば、今年の1年生の得点を昨年の1年生の得点と比較することで、今年の1年生の学力を把握することができます。しかし、何年か続けて同じテストを実施すると、どうしても問題の漏えいが生じてしまいます。

② 正答数得点では、出題された問題の難度や重要度が得点に反映されにくい。

　出題する問題の難度や重要度を得点に反映させるために、重み（＝「配点」）をつけることになりますが、逆の言い方をすれば、出題する問題に難度や重要度の差をつける必要がないのであれば、正答数得点で良いということになります。

③ 重みつき正答数得点の場合、合理的で客観的な配点の決め方が不明確である。

　表4で、P先生の配点とQ先生の配点の違いによって、A君の得点とB君の得点が変わってしまうことを取り上げました。配点の決め方に明確な基準がなく「あいまい」な部分があるため、得られた得点にも「あいまい」な部分が残ってしまいます。しかし、だからといって、重みつき正答数得

点を一切否定するのは乱暴です。多くのテストの場合、テストに出題する問題の内容を検討する過程で、個々の問題の配点も十分に検討されてきたと思います。しかし、検討の結果得られた配点であっても、ある程度の「あいまい」な部分が残ってしまい、そのため、テスト得点にも「あいまい」な部分が含まれてしまいます。この点を認識したうえで、テスト得点を絶対視することなく活用すべきだと思います。

④ 異なる集団で求めた偏差値は比較することはできない。

偏差値の求め方からも、明らかなことだと思います。学校で実施したテストによる校内偏差値と県内一斉に実施したテストで得られた県内偏差値は原則として比較できないという例を取り上げました。

⑤ 偏差値が上がったり下がったりする理由がわかりにくい。

表8から表11を使って取り上げました。偏差値を求める際に、平均値と標準偏差を使います。平均値はおなじみですが、標準偏差がよくわからないので、結局、偏差値はよくわからないということになりがちです。偏差値は、正体のよくわからない標準偏差を使って表わすので、どこかに得体の知れない気持ち悪さがつきまといます。そして、多くの受験生が気の毒なのは、そんな得体の知れないものを知らんぷりできないということです。

4 IRTは「従来のテスト得点」の問題点を解決するのか

従来の「テスト得点」の問題点を、五つ取り上げました。IRTを使うことで、すべて解決されるのでしょうか、されないのでしょうか。IRTの話に入る前にこの点をおさえておきましょう。

① 正答数得点や重みつき正答数得点は、出題された問題が異なるテストの場合、得点を互いに比較することは極めて難しい。

出題された問題が異なるテストであってもテストの得点を相互に比較できる。これが、IRTの特長の一つです。ただし、この特長を活かすには、

局所独立の仮定やテストの1次元性などのIRTを使うための条件を満たしておく必要があります。さらに、p.22でも述べたように、事前の準備が必要です。なお、得点の比較を可能にするためにIRT以外の方法がないかと言えば、決してそういうわけではありません。この点は、IRTを絶対視しないほうが良いと思います。

② **正答数得点では、出題された問題の難度や重要度が得点に反映されにくい。**

　IRTを使うと、問題の「難度」を合理的な方法で分析し数値で表わすことができます。そして、「難度」の大きさが得点に反映されます。では、もう一つの「問題の重要度」についてはどうでしょうか。

　学校の授業などで、先生が、「ここが大事、これが重要事項だよ」とおっしゃることがあります。おそらく、ある事柄を理解したり、ある事柄ができたりするために、必要不可欠な知識や技能のことを指して、これが重要事項だ、とおっしゃっているのだと思います。先生方のおっしゃる重要事項と同じとは言えませんが、テストの場合、学力の違いによって、正答できるか、できないかに差がつきやすい問題を、重要な問題として取り上げることがあります。つまり、学力をテストの合計得点と読みかえて、合計得点の高い人の正答率と、合計得点の低い人の正答率に大きな差が見られる問題に注目します。そういう問題の内容を検討することで、学力の高い人と低い人の理解の仕方の違いなどを探るうえで有益な情報が得られることがあります。その意味で、そのような差がつきやすい問題は重要な問題だと言えます。IRTにおいても、学力の違いによって正誤にどのくらい差が見られるかを、その問題の特性の一つとして取り上げます。そして、この特性と先程取り上げた「難度」とあわせて、得点を決める方法があります。

③ **重みつき正答数得点の場合、合理的で客観的な配点の決め方が不明確である。**

　IRTを使って得点を求める場合、事前に配点を決める必要はありません。

もちろん、テストのあとにも決める必要はありません。何と、配点をどうやって決めようか、と思い悩むことから解放されるのです。「バンザーイ」です。「ヤッター」ですね。しかし、配点に替わるものがIRTにはあるのです。「何ですか、それって？」。はい、それは問題の「パラメーター」というものです。

　配点は決めるのが難しいとは言っても、問題の作成に関わる担当者が考え議論して決めることができます。「もう時間もないし、この問題の配点はこうしておこう」などということも、いざとなればできます。しかし、「パラメーター」は、そうはいきません。「こういう値にしておこう」とか、「こんな値で良いんじゃないの」とか、どんなにエライ先生でも、そんなふうには決められないのです。「パラメーター」はテストを実施して、IRTを使って分析することでその値が求まります。IRTを使ったテスト開発において、事前に決めた「パラメーター」の値になるように問題を作ることは極めて難しいことです。それに比べれば、配点が△点の問題を作ってくださいと頼まれるほうが、多少は楽かもしれません。

④ 異なる集団で求めた偏差値は比較することはできない。

　受験者集団が同じだろうが、違っていようが、そんなことには関係なく、IRTを使って得られたテストの得点は互いに比較することが可能です。ただし、IRTを使うための条件を満たしていることが必須ですし、事前の準備も必要です。

⑤ 偏差値が上がったり下がったりする理由がわかりにくい。

　偏差値が上がったり下がったりする理由がわかりにくいとするなら、IRTで算出したテストの得点が上がったり下がったりする理由は、もっとわかりにくいでしょう。そもそも、「IRTではどうやって得点を出すのか」が実はとてもわかりにくいのです。この本の冒頭で、お客様から「IRTはよくわからないね」というお声をいただきますと書きました。よくわからない理由の一つには、どうやって得点を出しているのかわかりにくいこと

があると思います。「IRT を使うのも良いけれど、一体全体どうやって得点を出しているかよくわからない。だから、ハイ何点です、と突然言われてもにわかには信じられない」。おそらく、そういうことだと思います。

　しかし、IRT はよくわからない、と言われるたびに、私は不思議に思うことがあります。この本を読んでおられる方の中には、TOEFL テストでは IRT が使われている、という話を耳にされたことがある方がいると思います。しかし、「TOEFL テストの得点は IRT を使っているからよくわからないんだよね、なんとなく信じられないんだよね」という声を聞いたことがある方はいらっしゃるでしょうか。少なくとも、私はそんな声を耳にしたことはありません。TOEFL テストで少しでも良い成績を取らなくてはならない、あるいは、少しでも良い成績を取りたいと思っておられる方は、TOEFL テストは IRT を使ってどのように得点を出すのだろうか、と悩む時間があったら、英語の勉強に当てておられることと思います。そして、「IRT の得点の出し方はわからないけれども、少なくとも、世界規模で大勢の人が受験しているし、TOEFL の得点は信用しても良いと思う」と考えておられるのでしょう。

　今後、国内でも IRT が盛んに使われるようになると思います。そうなると、理論だけでは収まりがつかない課題や問題点が出てくるでしょう。そして、「テスト事業者」が独自のノウハウで、これを解決していくでしょう。この解決方法は IRT を土台にした独自のノウハウですから、テスト事業者は企業秘密として明かすはずがありません。最先端技術を使った工業製品が次々に市場に導入され、それを使う一般市民はどうしてそのようなことができるのかは理解できなくても、平気な顔をしています。IRT についても同様のことが生じるでしょう。でも、IRT の基本的な考え方を、多くの方たちが理解することは土台無理な話なのでしょうか。もしそうだとしたら、まったくわからない IRT を使って算出された成績が、個人の人生に大きな影響を及ぼしてしまう。そんな世の中になるのでしょうか。それは絶対に避けるべきと思います。ですので、専門的なことまではわからないにしても、基本的なことは理解しておきたいと考えます。

第4章 IRTによる学力推定の方法・その1

　さあ、いよいよ本書の核心部分に入ります。p.22 で、IRT の特長として、異なる問題から成るテストの結果を互いに比較することができること、そして、異なる集団で得られたテストの結果を互いに比較することができること、の2点を挙げました。第4章から第6章で、どうしてそういうことができるのか、その理由をお話しします。ただし、IRT は、100 点満点のテストや偏差値などの従来のテスト得点の求め方と、いくつかの点で異なります。私が最も違う点だと思うのは、IRT は学力を測定する「ものさし」を事前に準備する点です。まず、この点から話を始めましょう。

1　学力を測る「ものさし」を事前に用意するIRT

　p.34 で、「テストは学力を測る測定の道具だ」としましたが、皆さん、いかがでしょうか。こう言われて、「なるほどね、確かに、テストは学力を測定する道具だな」と実感された方はいらっしゃるでしょうか。「そう言われれば、そうかな。そうかもしれないなあ」とお感じになられる方がほと

んどではないでしょうか。もしもテストが測定の道具だとすれば、一定の間隔で並んだ目盛りがあるはずですが、従来のテストの一体どこにそんなものがあるのでしょうか。そういうものは、私も見たことはありません。従来のテストの場合、たとえば正答数得点であれば、正答した問題の数を「数え上げ」ます。また、重みつき正答数得点は正答した問題の配点を「足し上げ」ます。該当するものを「数え上げたり、足し上げたりして学力を測る（計数と言います）」と言えますが、「目盛りのついた測定の道具を用いて学力を測る（計量と言います）」という感じはしません。偏差値も、正答数得点や重みつき正答数得点をもとに計算して求めるわけですから、同じです。テストの得点を求める過程のどこかに、測定の道具があるとは、到底、思えません。

　IRTの場合は、学力を測定する道具として目盛りのついた「ものさし」を事前に用意します。そして、その「ものさし」を使って受験者の学力を測るのです。学力を測る「ものさし」を事前に用意する点が、従来のテストの得点の求め方とまったく違います。ただし、第2章（p.33）で述べたように、測ろうとしている学力はあるのかないのか本当のところはわからない仮定のものであり、事前に用意する「ものさし」も仮定のものなのです。仮定した学力を、仮定した「ものさし」で測る？　いきなり、混乱しそうなことを申し上げています。この点はp.79であらためて取り上げますので、話を先へ進めます。

2 「学力 θ」と「尺度 θ」

　IRTの場合、測定する学力を潜在特性尺度値 θ と呼びます。「θ」はギリシャ文字で、英語ではtheta（シータ）と記されます。本書では、学力を測るための「ものさし」を「尺度 θ」、IRTによって測定された受験者の学力のことを「学力 θ」と呼ぶことにします。

　従来からある重みつき正答数得点や偏差値などの求め方と比べて、「学力 θ」の求め方はどのような点が違うのでしょうか。私が特徴的な違いだ、と感じていることとして次の3点を挙げたいと思います。なお、本章から

IRT の内容に入ります。テストに出題する問題のことを「項目（＝「Item」）」と呼びますので、ここから先は「問題」ではなく「項目」とします。

① テストに出題する項目の作成者が、配点を決める必要はありません。
② 正答した項目数を数えたり、項目の配点を合計したりして得点を求めることをしません。
③ 偏差値は p.47 の（式2）を使って求めますが、IRT の場合にはそのような式はありません。

では、どうするのか。一言で言えば、

> 受験者の正誤パターンから、最も可能性の高い「学力 θ」を推定する

ということになります。

IRT のことを社外の方に説明するとき、学力を「推定する」と言うと、必ず何人かは、「エッ」、と少し驚かれた顔をなさいます。おそらく、そこに、あいまいなものをお感じになられるからだと思います。しかし、ここまで本書を読んでいただいた皆さんであれば、「推定する」という言い方にそれほど違和感はないと思います。なお、受験者の「正誤パターン」とは、第1問は正答、第2問は誤答、第3問は正答、第4問は誤答、という具合に、それぞれの項目に正答したか、誤答したかという正答・誤答のパターンのことです。

3 視力検査に似ている IRT

IRT における「学力 θ」の推定は視力検査によくたとえられます。

図5を見てください。図5と同様の視力検査の図は、第1章でふれた「高大接続システム改革会議」の資料にも載り、IRT に基づくテストについての説明にも用いられています。

さて、この視力検査は、被検者が図5にあるような一部が欠けている輪

を見て、上下左右のどこが欠けているかを答える方法です。その際に大事なことは、何個正しく答えられたかではなく、どの大きさの輪まで正しく答えられたかです。仮に、0.1の大きさの輪を10回正しく答えられたからといって、その人の視力は、0.1を10倍して1.0ということにはなりません。IRTでも、易しい問題にたくさん正答できても、「学力θ」の値を高くするのにあまり貢献しません。そうではなくて、どのくらい難しい問題に正答したかが「学力θ」を決めるうえでは重要になってきます。

視力検査に話を戻しましょう。人間は機械ではないので、その人の視力に相当する輪よりも大きければ必ず正しく答えられるわけではありません。また、視力に相当する輪より小さくても、上下左右のうちから一つを選んで答えれば良いので、当てずっぽうで正答することもありえます。つまり、その人の視力に相当する輪の前後では、同じ大きさの輪が見えたり、見えなかったりすることも珍しいことではないと思います。

```
○   …0.1        視力検査では
                ・何個見えたか？ではなく、
C   …0.2         「どの大きさのものが」見えたのか。
 ⋮              ・0.1が10回見えても、視力1.0とはならない。

C   …1.0        IRTでは
c   …1.2        ・やさしい問題にたくさん正答しても「学力$\theta$」
o   …1.5          の値を高くするのにあまり貢献しない。
```

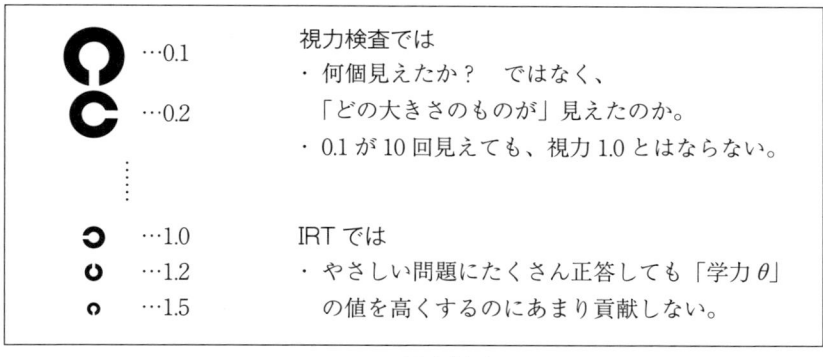

図5　視力検査

そういうとき、視力の検査官はどのように判断するのでしょうか。直に聞いたことはないのであくまでも推測ですが、おそらくこの視力である可能性が一番大きいだろう、と頭の中でとっさに考えて判断されているのではないでしょうか。そして、頭の中で判断する際には、本人が意識されているかどうかは別として、何らかの確率の考え方を使っておられるのではないでしょうか。視力検査の方法は私の推測ですが、**IRTの場合は、受験**

者の個々の項目に対する正誤パターンをもとに、コンピュータが確率の計算をして、最も可能性の高い「学力 θ」を推定します。

4 輪の大きさによって決まっている視力

　視力検査の場合は、「どういう大きさの輪が見えたのか」によって被検者の視力を推定します。これを IRT に当てはめてみると、視力検査で被検者に見せる「輪」は、テストに出題する「項目」だと言えます。また、視力検査の「輪の大きさ」は、「項目の難しさ」に相当すると言えます。

　テストの場合、項目の難しさを表わすものとして正答率（通過率）を使うことがありますが、同じ項目であってもテストを受験する集団が違えば正答率は変化してしまいます。学力上位の集団では正答率は上がり（易しい項目とみなされ）、逆に下位の集団では下がってしまう（難しい項目とみなされる）でしょう。しかし、視力検査の場合、どういう人が検査を受けても、「輪の大きさ」に対応する視力は事前に決まっています。これと同じように、テストを受験する集団と関係なく、「項目の難しさ」を事前に決めることができれば、視力検査と同じように学力を測ることが可能になります。たとえば、視力検査の場合、被検者に見せるものは「輪」であっても「文字」であっても「魚の向き」であっても、どこで検査を受けたとしても、必要な基準を満たした検査がおこなわれていれば、同じ検査結果は同じ視力を意味します。これをテストに当てはめてみると、**必要な基準を満たしていれば、テストに出題する項目が違っていても、どこでテストを受けても、得点が同じであれば同じ学力を意味することになります**。

5 項目特性

(1) 学力によって変わる「正答できる可能性」

　では、どのようにすれば、テストを受験する集団と関係なく、項目の難しさを決めることができるのでしょうか。IRT では、項目特性ということを考えます。

第4章 IRTによる学力推定の方法・その1

> ある項目の項目特性とは、「『学力 θ』の違いに応じて、その項目に正答できる確率（＝「正答確率」）がどのような値になるのか」

ということです。「学力 θ」の違いに応じてということですから、受験者の学力の高い低いの違いに応じて、その項目に正答できる確率はどのように違ってくるのか、ということになります。

　この様子を、図で表わしたものを項目特性曲線と言います。項目特性曲線はどのような形になるのでしょうか。学力が低い受験者から高い受験者へとなるにつれて、正答できる可能性は徐々に高くなり、ある学力を超えると一気に高まって、再び緩やか上昇となると考えるのが、一般的だと思います。図6に示したような緩やかなS字カーブの曲線です。

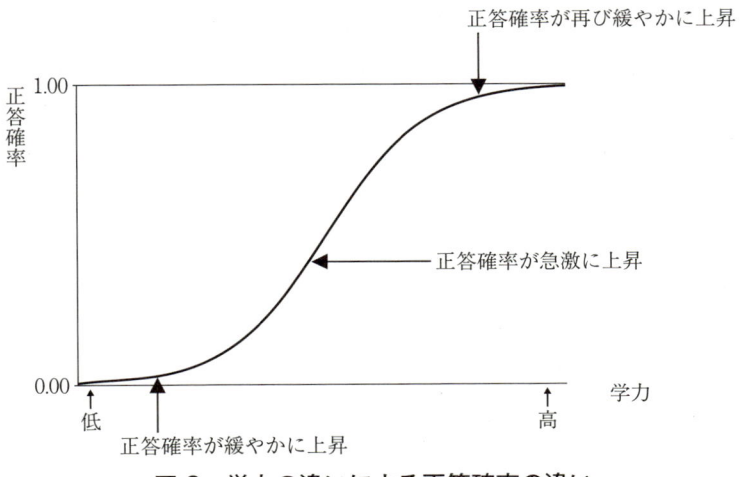

図6　学力の違いによる正答確率の違い

（2） IRT モデル

> 項目特性は、テストを実施した結果を IRT で分析することで得る

ことができます。分析によって得られた項目特性は、個々の項目に固有のものとみなします。そのため、基本的に、項目ごとに項目特性曲線の形は

違っています。IRTを使って「学力θ」を推定する際には、テストに出題した項目の項目特性を使いますので、その役割は極めて重要です。項目特性曲線は、Item Characteristic Curve の訳で、ICCと略して表記されることもあります。項目特性曲線を表わす式に何を使うのかによって、IRTの分析方法を分類し、「○○モデル」のような言い方をします。項目特性をもう少し詳しく述べるにあたり、「2パラメーター・ロジスティック・モデル」を取り上げたいと思います。このモデルを取り上げる理由は、比較的シンプルなモデルなので理解しやすく、国内でよく使われているからです。

6 2パラメーター・ロジスティック・モデル

(1) 困難度と識別力によって項目特性曲線の形が決まるモデル

このIRTモデルの場合、項目特性曲線の形は、項目の困難度と識別力によって決まります。項目の困難度はp.72、項目の識別力はp.76であらためて詳しく取り上げます。なお、困難度はbパラメーター、識別力はaパラメーターとも呼ばれ、2つのパラメーターによって項目特性曲線の形が決まるので、2パラメーター・ロジスティック・モデルと呼ばれます。また、困難度や識別力のことをまとめて、項目パラメーターと呼びます。2パラメーター・ロジスティック・モデルの場合、項目特性曲線は、(式3)で表されます。何やら複雑な式ですね。

式の説明に興味のある方は 探究路3 をお読みください。なお、本書を読むにあたっては式の意味は理解できていなくても大丈夫です。

$$P_j(\theta) = \frac{1}{1+\exp\{-1.7a_j(\theta-b_j)\}} \qquad (式3)$$

※次の 探究路3 は飛ばして読み進めていただいてけっこうです。

探究路3 (式3)の説明

(式3)において、$P_j(\theta)$は項目jの正答確率です。分母にあるa_jと

b_j は項目ごとに決まっている項目パラメーターです。また、θ は、受験者の学力によって変わる変数です。よって、(式3) は、項目 j の正答確率 $P_j(\theta)$ を「学力 θ」の関数で表わし、「学力 θ」の変化に応じて項目 j の正答確率がどのように変化するのかを表わした式だと言えます。

　(式3) において、a_j と b_j は、項目 j の項目特性曲線の形を決める項目のパラメーター（項目パラメーター）で、a パラメーター（識別力パラメーター、識別力）、b パラメーター（困難度パラメーター、困難度）と呼ばれます。項目 j という言い方にはなじみがない方もいらっしゃるかもしれません。IRT では、テストに n 個の項目を出題したとして、項目を1番、2番、……、j 番、……、n 番と表わすことがあります。項目 j というのは、j 番目の項目という意味ですが、単にある項目のことを表わしていると考えていただいてもかまいません。また、a_j、b_j のように a や b の後に j を添えることで項目 j のパラメーターであることを示し、項目パラメーターが項目ごとに固有な値であることを表わしています。(式3) には、a_j と b_j の二つのパラメーターを含んでいますので、「2パラメーター・ロジスティック関数」と呼ばれ、この関数を使った IRT モデルのことを、「2パラメーター・ロジスティック・モデル」と言います。

　p.73 にある**図7**は項目特性曲線の例です。項目特性曲線はエクセルを使って描くことができます。項目3を例にとると、(式3) の a_j に1.2、b_j に1.0を代入します。すると、

$$P_j(\theta) = \frac{1}{1+\exp\{-1.7\times 1.2(\theta-1.0)\}}$$

となります。

　次に、-3.0 から 3.0 までの 0.1 間隔の θ の値を上の式に代入して、$P_j(\theta)$ の値を求めます。θ と $P_j(\theta)$ の関係をグラフに表わすと**図7**の

項目3で示される曲線になるというわけです。興味のある方は、ご自分でも試されてはいかがでしょうか。なお、「exp」は指数関数を表わします。「e」は「自然対数の底」と呼ばれ、その値は2.71828……です。たとえば、2.71828……の2乗をexp(2)のように表わします。ですから、$\exp\{-1.7a_j(\theta-b_j)\}$ は2.71828……の $\{-1.7a_j(\theta-b_j)\}$ 乗ということになります。つまり、e=2.71828……とおくと、$e^{-1.7a_j(\theta-b_j)}$ ということです。

　識別力や困難度の値によって、項目特性曲線の形が決まると書きましたが、そのことを実際に確かめてみましょう。まず、識別力の値を固定し、困難度の違いによって項目特性曲線がどのように変わるかを見てみます。次に、困難度の値を固定し、識別力の違いによって項目特性曲線がどのように変わるかを見てみます。そうすることで、困難度と識別力の意味を理解していただければと思います。

(2)　困難度の違いによる項目特性曲線の変化

　図7には、項目1から項目3の識別力と困難度の値と、それぞれの項目の項目特性曲線が表わされています。

　図7を見ると、三つの項目の識別力の値はすべて1.2と同じですが、困難度の値は、項目1が−1.0、項目2が0.0、項目3が1.0と順に大きくなっています。三つの項目特性曲線は、項目1から項目3の順に左から右へ並んでいます。このことから、困難度が大きいほど、項目特性曲線は右へ寄ると言えます。項目特性曲線が右へ寄っているということは、どういうことでしょうか。**項目特性曲線がより右へ寄っているということは、より高い「学力 θ」でなければ高い正答確率が期待できないわけですから、より難しい項目**だと言えます。たとえば、正答確率が0.5に相当する「学力 θ」の値を見てみましょう。正答確率が0.5ですから、その項目に正答できる人と正答できない人が半々となるのは、どのくらいの「学力 θ」なのか、と

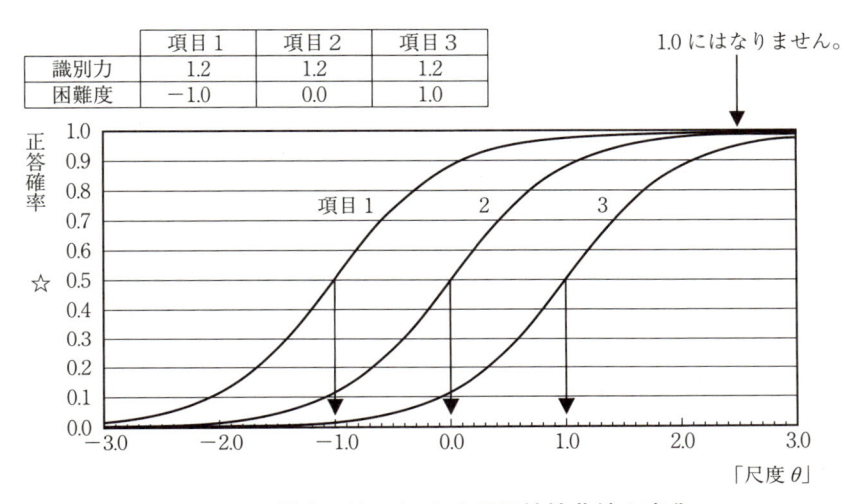

第4章 IRTによる学力推定の方法・その1

	項目1	項目2	項目3
識別力	1.2	1.2	1.2
困難度	−1.0	0.0	1.0

1.0にはなりません。

図7 困難度の違いによる項目特性曲線の変化

いうことになります。図7で確かめると、項目1では「学力 θ」が −1.0、項目2では0.0、項目3では1.0と読み取ることができ、正答確率が0.5となる「学力 θ」は項目1から項目3の順に高くなっています。つまり、より高い「学力 θ」の人でないと、正答確率が0.5にはならないというわけですから、項目1から項目2、項目3の順で難しいと言えます。正答確率が0.5となる「学力 θ」で三つの項目を比べましたが、それ以外の正答確率の場合でも同様のことが言えます。このように、項目の難しさを表わすという意味で、困難度と呼ばれるのです。

(3) 困難度は正答確率が 0.5 となる「学力 θ」

先程、三つの項目について、正答確率が0.5となるときの「学力 θ」の値を読み取ってみました。項目1が −1.0、項目2は0.0、項目3は1.0でしたが、これらの値は、それぞれの項目の困難度の値と一致しています。困難度の値は、その項目について正答確率が 0.5 となる「学力 θ」の値を示しているのです。ある項目について、正答できる人と正答できない人が半々くらいになる「学力 θ」の値が、その項目の難しさを表わす、というわけで

す。このことを次の 探究路4 で確かめてみましょう。

※次の 探究路4 は飛ばして読み進めていただいてけっこうです。

探究路4 「学力 θ」の値の確認

> （式3）において、θ の値に b_j を代入してみましょう。すると、「$\theta - b_j$」の値が0となりますから、exp の（　）の中が0になります。exp(0) とは、2.71828……の0乗ですから、その値は1です。すると、$P_j(\theta)$ の値は、$\frac{1}{(1+1)}$ となり、$\frac{1}{2}$ です。正答確率が $\frac{1}{2}$ となり、確かに、「学力 θ」の値が項目の困難度の値と一致するときは、その項目に正答できる確率は $\frac{1}{2}$ ということになります。

先程、「学力を測るための『ものさし』を『尺度 θ』、IRT によって測定された受験者の学力のことを『学力 θ』と呼ぶことにします。」としました。図7において、「尺度 θ」は −3.0 から 3.0 まで設定されています。そして、「尺度 θ」は、受験者の学力（「学力 θ」）を表わすとともに、項目の困難度（正答確率が 0.5 となるときの「学力 θ」の値）も表わしています。言い方を変えると、

> 「尺度 θ」は受験者の学力を測る「ものさし」であると同時に、項目の困難度を表わす「ものさし」

でもあるのです。

（4）「位置パラメーター」とも呼ばれる困難度

困難度は、項目特性曲線の位置を示すという意味で、位置パラメーターと呼ばれることもあります。図7にある項目1から項目3を、下の図8のように困難度の大きさによって並べてみると、位置を表すという意味がわかりやすいと思います。

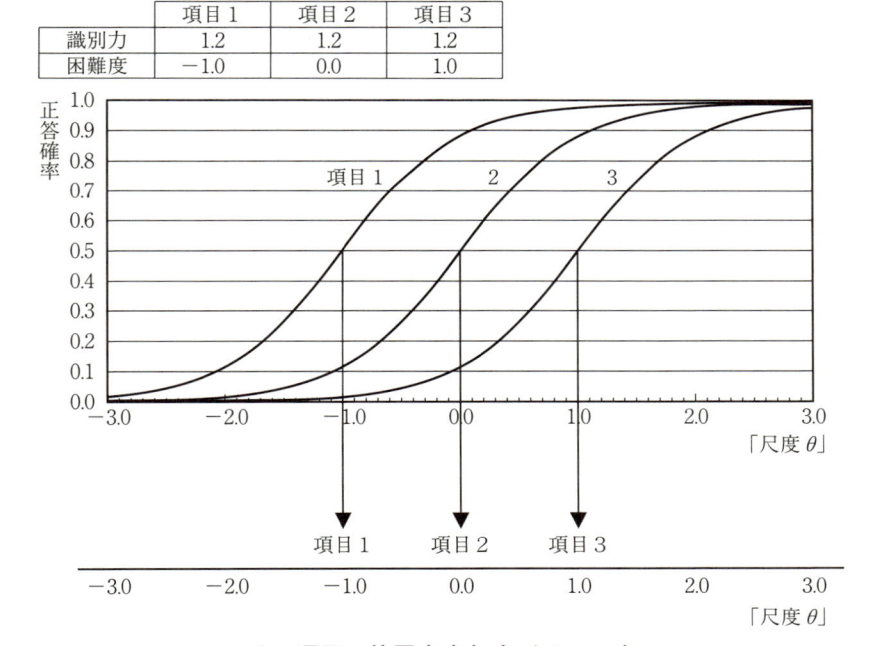

	項目1	項目2	項目3
識別力	1.2	1.2	1.2
困難度	−1.0	0.0	1.0

図8　項目の位置を表わすパラメーター

困難度の大きさに制限はあるのでしょうか。理屈で考えれば、いくら難しくても、いくら易しくてもかまわないので、大きさの制限はないと言えます。ただし、テストを受験する人の学力を考えに入れると、テストの実施目的に適した困難度についてはある程度制限があって然るべきでしょう。

あらためて図7を見ると、項目1や項目2は「学力 θ」が3.0のときの正答確率は1.0のように見えます。また項目2や項目3は「学力 θ」が−3.0のときの正答確率は0.0のように見えます。しかし、いずれも、限りなく

1.0 に近い値であったり限りなく 0.0 に近い値であったりで、ピッタリ 1.0 になったり 0.0 になったりはしませんのでご注意ください。つまり、「学力 θ」がどんなに大きくても、正答確率は限りなく 1 に近づきますが決して 1 にはなりません（＝「『学力 θ』が無限大になると正答確率は限りなく 1 に近づく」）。また、「学力 θ」がどんなに小さくても、正答確率は限りなく 0 に近づきますが決して 0 にはなりません（＝「『学力 θ』が無限小になると正答確率は限りなく 0 に近づく」）。

（5） 識別力の違いによる項目特性曲線の変化

次に困難度の値が同じで、識別力の値が異なる場合には項目特性曲線の形はどのようになるのでしょうか。**図 9** で確かめてみましょう。

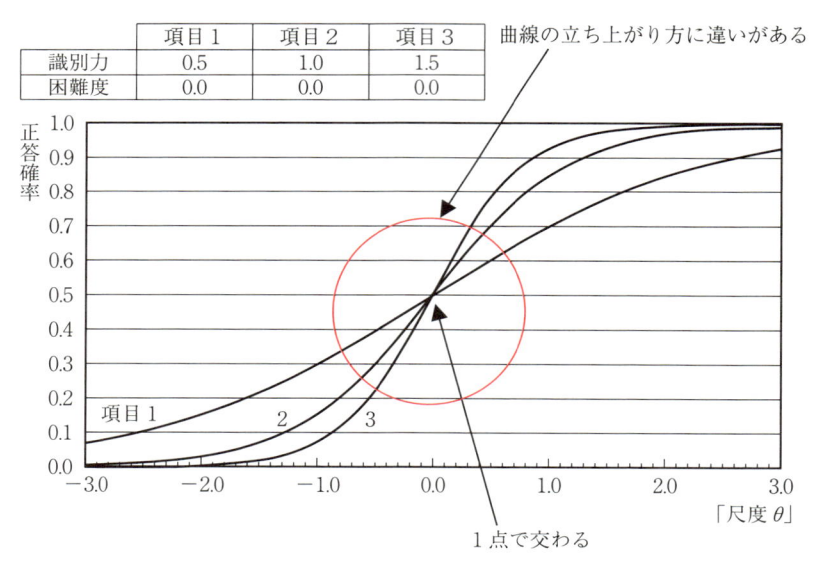

	項目 1	項目 2	項目 3
識別力	0.5	1.0	1.5
困難度	0.0	0.0	0.0

図 9　識別力の違いによる項目特性曲線の変化

三つの項目の困難度の値はすべて 0.0 で同じです。困難度の値が同じということは、正答確率が 0.5 となる「学力 θ」の値が同じになります。そのため、三つの項目特性曲線は、「学力 θ」が 0.0、正答確率が 0.5 において

1点で交わることになります。そして、三つの項目特性曲線が1点で交わる付近、つまり、「学力 θ」が困難度の 0.0 付近を見てみると、項目1から項目3の順で、項目特性曲線の立ち上がり方が大きくなっていることがわかります。曲線の立ち上がり方がより大きいということは、困難度の近くで同じだけ「学力 θ」に違いがある場合に、正答確率の違いがより大きいということです。このことを**表 12** で確認してみましょう。

表 12 識別力の大きさの違いによる正答確率の変化

	−0.4	−0.3	−0.2	−0.1	0.0	0.1	0.2	0.3	0.4	正答確率の差
項目 1 (0.5)	0.416	0.437	0.458	0.479	0.500	0.521	0.542	0.563	0.584	0.168
項目 2 (1.0)	0.336	0.375	0.416	0.458	0.500	0.542	0.584	0.625	0.664	0.327
項目 3 (1.5)	0.265	0.318	0.375	0.437	0.500	0.563	0.625	0.682	0.735	0.470

注：( ) 内の値は、項目の識別力

表 12 より、項目1では、「学力 θ」が −0.4 のときの正答確率は 0.416、「学力 θ」が 0.4 のときは 0.584 であり、正答確率は 0.168 増加します。一方、項目3では、正答確率は 0.265 から 0.735 へ 0.470 も増加しています。

このように、「学力 θ」が困難度の 0.0 付近の場合には、同じだけ「学力 θ」に違いがあるとき、識別力が大きい項目ほど、より大きな正答確率の違いとなって表われることがわかります。このことから、**識別力の値が大きい項目ほど、正答できそうな人と正答できなさそうな人を、より明確に見分けることができる**と言えます。

あらためて項目3を見ると、「学力 θ」が −0.4 の場合の正答確率は 0.265 と低い値ですが、「学力 θ」が 0.4 になると正答確率は一気に 0.735 に上昇します。一方で、項目1は、「学力 θ」が −0.4 の場合の正答確率は 0.416 で、「学力 θ」が 0.4 になっても正答確率は 0.584 であり、項目3と比べてあまり変わりません。このように、識別力は、「学力 θ」が困難度付近の場合に限られますが、「学力 θ」の値の差によって正答者と誤答者をどのくらい敏感に見分けられるか（識別できるか）というはたらきの大きさであると言えます。

(6) 識別力の大きさの制限

　識別力について、値の大きさに制限はあるのでしょうか。識別力が 0 のときは、項目特性曲線は水平になってしまいます。学力の高低に関係なく一定の正答確率が見込めるというわけですから、適切な項目とは言えずテストに出題すべきではありません。また、識別力がマイナスの値のときは、「学力 θ」が大きいほど正答確率が低くなります。学力の高い人ほど間違えるということですから、そんな項目は不適切であることは言うまでもなく、テストに出題することはできません。また、プラスの値であっても、あまりに小さければ不適切です。明確な決まりはないと思いますが、「通常は、**識別力パラメタ（パラメーター）の値として 0.3 から 2.0 程度の正の値を考えることが多い**」（『項目反応理論』芝祐順編。p.34）とする記述がありますので、これを目安にすれば良いと思います。なお、識別力がプラスでとても大きいとき、項目特性曲線は「学力 θ」が困難度付近で垂直に近い形で立ち上がります。識別力がとても高いからといって、その項目が不適切だと言い切るのは少々乱暴だと思いますが、あらためてその項目の出題内容の適否を確認すべきです。ある項目だけ識別力が異常に高い場合は、出題内容などにどこか他の項目とは違う異質なものがあるのではない

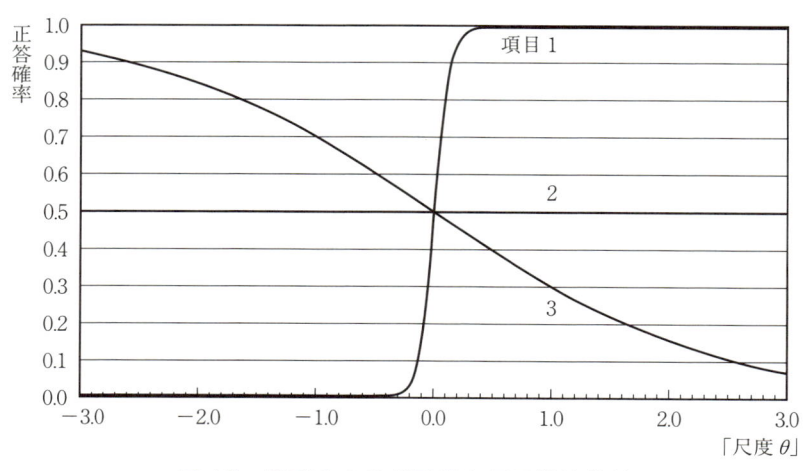

図 10　識別力の値が異常な項目特性曲線

でしょうか。テストはともに出題された複数の項目が互いに力を合わせて、受験者の学力を数値化する測定の道具ですから、異質な項目は出題しないほうが良い場合もあると思います。**図10**は、識別力が10（項目1）、0（項目2）、−0.5（項目3）、そして、困難度はすべて0.0の場合の項目特性曲線です。

7 仮定した「ものさし」

　ここまでの内容について、すでに、「オヤ？」と思われている方がいらっしゃるかもしれません。それは、項目特性曲線において「尺度 θ」の目盛りの数値が −3.0 から 3.0 になっていることです。「なんで、−3.0 から 3.0 なの。いつ、誰が決めたの？」

　それから、「一体全体、何を測ろうとしているのかさっぱりわからない。IRTによる学力推定の方法の話が始まってから、測ろうとしている学力が何なのか、説明がまったくない」。こういうことではないでしょうか。

　本書では**図2**（p.35）にあるように、「テストは学力を仮定することから始まる」としました。ここまで、「学力 θ」とか「尺度 θ」とかいう言葉で表現してきましたが、確かにそれが一体何を示しているのかはまったく触れていません。つまり、その中身をはっきりさせることもなく、何かある学力があると仮定し、その仮定した学力を数値で表わそうとしています。学力を測定して数値化するには、測定のための「ものさし（＝「尺度」）」が必要です。「ものさし」には原点と単位が必要です。そこで、平均値が 0.0、標準偏差が 1.0 となる目盛りのついた「ものさし」を仮定するというわけです。「ものさし」の話なのに、なんで突然、平均値や標準偏差が出てくるのか、と怪訝に思われるかもしれません。ものさしと言えば、たとえば、0 から 30 cm までを 1 mm 間隔で刻んだ「30 cm ものさし」などを思い浮かべる方が多いと思いますが、学力を測る「ものさし」と物の長さを測るものさしでは、少々様子が違います。学力を測る場合、そもそも測りたいものは仮定されたものです。しかも、物の長さを測るときのように、直接測りたいものにものさしを当てることはできません。こんな状況ですか

ら、仮定した「学力」について、その「学力」を有している人たちは、平均値が 0.0、標準偏差が 1.0 となるような分布をしていると仮定するのです（多くの場合は、正規分布を仮定します。……仮定ばかりでスミマセン）。そして、平均値が 0.0、標準偏差が 1.0 となる分布をしている「学力」を、原点を 0.0 とし、原点の左右に －3.0 から 3.0 まで目盛りのついた「ものさし」で測定しようとしているわけです。仮定した「学力」を測るための仮定の「ものさし」を使って測定した結果、本当に仮定した「学力」が存在していると言えるのか。これは大変重要なことで、さまざまな手法で確認しなくてはなりません。とても複雑な話をしていると思います。私の力不足によるところも大きいと思いますが、実は、学力を測定し得点化するということは、とても大変なことなのです。

8 測定値の意味づけ

　私が IRT を説明するとき、このあたりの話に差しかかると、聞かれている方の中に共通の混乱が生じることが多いようです。そして、その混乱の中から飛んでくる質問は、「学力を －3.0 から 3.0 の範囲で測定することはわかったとして、では、－1.0 とか、2.0 とかの、測定された数値は何を意味するのか」です。それに対する答えは、

> 「ものさし」を作ることとは別の方法で測定値に意味づけをしなくてはなりません

となります。

　「測定値の意味づけ」とは、たとえば、大学入試模試の場合、偏差値 55 は A 大学の合格可能性 50％ の学力である、という具合に、テストの実施目的に応じて測定値の意味を具体的に表わすことです。「測定値の意味づけ」は、測定のための「ものさし」作りとは別におこなう必要があります。そして、これまでにない新たなテストを開発する場合、「ものさし」作りもさることながら、「測定値の意味づけ」はとても大変なことで、さらに、テストを使う人たちが「意味づけした測定値」に慣れ親しんでもらえるような

方策も考えないといけません。本当に、新しいテスト作りは大変なことなのです。一つ、例を挙げてみたいと思います。

　もう10年以上も前のことになりますが、「IRTを使って高校1年生の秋から高校3年生の春にかけて学力を測定するテスト」の開発に関わりました。0.0を平均として、−3.0から3.0の範囲で学力を測定するのですが、それではわかりにくいということで、100倍して400を足すことにし、400を平均にして100から700の範囲で測定することにしました。学力を測定する「ものさし」ができたら、「測定値に意味づけ」をするために評価基準を作る必要があります。つまり、高校2年生の春に550点をとった場合、それをどう解釈すれば良いのかの判断基準です。

　私たちは、ある方法で、それぞれの学年の新学期とかの節目の時点での標準的な学力がどのくらいなのかを調べ、それを評価の基準としました。そのことをある学校の先生にお話しすると、「なるほど、得点だけ示されてもわからないからね。偏差値も基準があるから使えるわけだよね。でも、新たな得点の意味に慣れるには時間がかかるよ」とおっしゃいました。確かにその通りだと思います。

　使い慣れている偏差値は、得点に対する意味づけができあがっているのです。たとえば、あるテストを受験したところ、偏差値55という結果が出たとしましょう。受験指導などをしておられる方であれば、この結果を聞いただけで、おおよそどのくらいの学力レベルか想像することができると思います。しかし、そもそも、偏差値55という得点は、テストの平均値から0.5標準偏差だけ高い得点であるということしか意味していません。偏差値55と聞いただけで、ああ、あのくらいのレベルか、と想像できるのは、偏差値55を求める過程とはまったく別の方法で、偏差値55に意味づけをおこなったからです。そして、テストを使う先生方が、偏差値55の意味について慣れ親しんでおられるからです。たとえば、偏差値55なら、どのくらいのレベルの学校にどのくらいの可能性で合格できそうだ、という具合です。学力を測定するための「ものさし」を作ることと、できあがった「ものさし」の測定結果をどのように評価するのか。この二つは、別物で

す。ちなみに、つい、「ものさし」作りに一生懸命になるあまり、得点の意味づけが後回しになりがちですから、要注意です。

9 これまでの質問例 ～ 簡単なまとめにかえて

私の説明により、混乱させてしまった皆さん方からは、次のような質問も飛んできます。

> Q1：平均値や標準偏差はテストを実施して計算で求めるものだから、仮定するなんて、そんなことはできないのではないでしょうか？
> Q2：「ものさし」の目盛りで、1.0から2.0に上がった場合、その事をどのように評価すれば良いのでしょうか。とても素晴らしいことでしょうか、それとも、大したことはないということでしょうか？
> Q3：平均値が0.0、標準偏差が1.0ということは、標準得点ということですか。何かの得点を標準化しているのでしょうか？
> Q4：学力を仮定するということですが、学校で学ぶ英語や数学などの教科の学力の場合は、何かを仮定する必要はなく、明らかなのではないでしょうか？

Q1の回答

先に書いたように、測定したいと考えている人たちの「学力」の分布が、平均値0.0で標準偏差が1.0となることを仮定しているという意味です。

Q2の回答

評価基準をどのように設けるかによって違ってきますが、新たに作った「ものさし」を、多くの人がさまざまな場面で使い、どのくらいの数値であれば何を意味するのか、経験的にわかっているという状況にならないと、この質問はなくならないでしょう。

Q3の回答

標準化した得点は平均値が0.0、標準偏差は1.0となりますが、ここでお

話ししている「ものさし」の目盛りが平均 0.0 標準偏差 1.0 だからといって、標準化によって得られたというわけではありません。Q1 の回答にある通りです。

Q4の回答
　学校で教え、生徒たちが学校で学んで身につけている「英語の学力」や「数学の学力」は明らかに存在し、学力の中身についても明らかである、と皆さん方がお考えになるのであれば問題はないと思います。このようにお答えしたあとで、「ただし、本当にそうなんでしょうか」と付け加えることにしています。そうすると、多くの方は静かにうつむいてしまわれますので、少し間をとって、「これ以上はふれないでおきましょう。」とし、話題を変えることにしています。

第5章 IRTによる学力推定の方法・その2

1 「学力θ」の推定法

　IRTにおける「学力θ」の推定法について、本書では、「受験者の正誤パターンから、最も可能性の高い『学力θ』を推定する。」としました。これに前章の項目特性の話を加えると、「テストに出題した項目の項目特性をもとに、受験者の正誤パターンが最も生じやすい『学力θ』を推定する。」ということになります。2パラメーター・ロジスティック・モデルの場合について、その方法を見てみましょう。

　少しでも説明が簡単になるように、三つの項目（項目1～3）からなるテストを考えます。各項目の識別力と困難度の値、このテストを受験したA君の正答・誤答の結果は、**表13**の通りとします。

　各項目の識別力と困難度の値をもとに、各項目の「学力θ」に応じた正答確率を求めると**表14**のようになります。また、この3項目の項目特性曲線は、**図11**の通りです。

第5章　IRTによる学力推定の方法・その2　85

表13　A君の結果

	項目1	項目2	項目3
識別力	0.75	1.00	1.20
困難度	−0.50	0.00	0.50
A君の結果	正答	正答	誤答

表14　項目1から項目3の正答確率

「学力 θ」が0.0の場合

学力 θ	項目1	項目2	項目3
−3.0	0.040	0.006	0.001
−2.9	0.045	0.007	0.001
−2.8	0.051	0.008	0.001
−2.7	0.057	0.010	0.001
−2.6	0.064	0.012	0.002
−2.5	0.072	0.014	0.002
−2.4	0.081	0.017	0.003
−2.3	0.092	0.020	0.003
−2.2	0.103	0.023	0.004
−2.1	0.115	0.027	0.005
−2.0	0.129	0.032	0.006
−1.9	0.144	0.038	0.007
−1.8	0.160	0.045	0.009
−1.7	0.178	0.053	0.011
−1.6	0.197	0.062	0.014
−1.5	0.218	0.072	0.017
−1.4	0.241	0.085	0.020
−1.3	0.265	0.099	0.025
−1.2	0.291	0.115	0.030
−1.1	0.318	0.134	0.037

学力 θ	項目1	項目2	項目3
−1.0	0.346	0.154	0.045
−0.9	0.375	0.178	0.054
−0.8	0.406	0.204	0.066
−0.7	0.437	0.233	0.080
−0.6	0.468	0.265	0.096
−0.5	0.500	0.299	0.115
−0.4	0.532	0.336	0.138
−0.3	0.563	0.375	0.164
−0.2	0.594	0.416	0.193
−0.1	0.625	0.458	0.227
0.0	0.654	0.500	0.265
0.1	0.682	0.542	0.307
0.2	0.709	0.584	0.352
0.3	0.735	0.625	0.399
0.4	0.759	0.664	0.449
0.5	0.782	0.701	0.500
0.6	0.803	0.735	0.551
0.7	0.822	0.767	0.601
0.8	0.840	0.796	0.648
0.9	0.856	0.822	0.693

学力 θ	項目1	項目2	項目3
1.0	0.871	0.846	0.735
1.1	0.885	0.866	0.773
1.2	0.897	0.885	0.807
1.3	0.908	0.901	0.836
1.4	0.919	0.915	0.862
1.5	0.928	0.928	0.885
1.6	0.936	0.938	0.904
1.7	0.943	0.947	0.920
1.8	0.949	0.955	0.934
1.9	0.955	0.962	0.946
2.0	0.960	0.968	0.955
2.1	0.965	0.973	0.963
2.2	0.969	0.977	0.970
2.3	0.973	0.980	0.975
2.4	0.976	0.983	0.980
2.5	0.979	0.986	0.983
2.6	0.981	0.988	0.986
2.7	0.983	0.990	0.989
2.8	0.985	0.992	0.991
2.9	0.987	0.993	0.993
3.0	0.989	0.994	0.994

もう一度、IRTにおける「学力 θ」の推定方法を確認しましょう。

> テストに出題した項目の項目特性をもとに、受験者の正誤パターンが最も生じやすい『学力 θ』を推定する。

この方法を、A君の場合に当てはめてみましょう。「テストに出題した

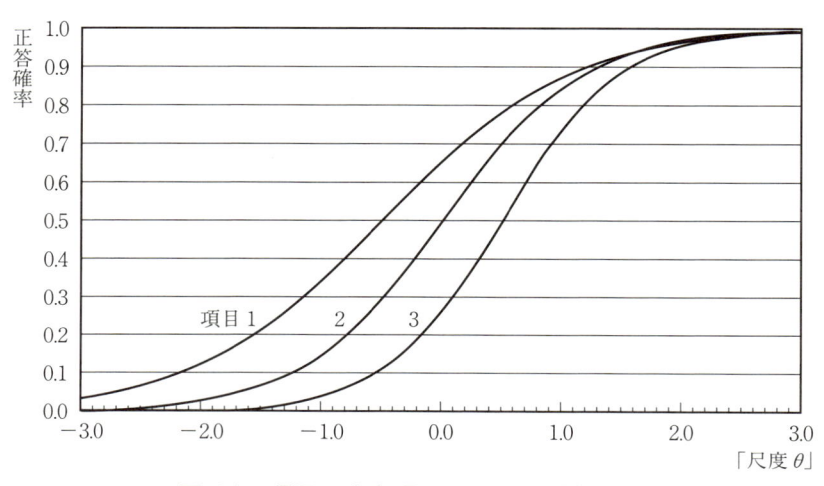

図11 項目1から項目3の項目特性曲線

項目の項目特性をもとに」は、「**表14**や**図11**で示された項目特性をもとに」ということです。「受験者の正誤パターン」は、**表13**にあるA君の正答・誤答の結果となります。そして、最後の部分の「最も生じやすい『学力θ』を推定する」はどうすれば良いのでしょうか。ここで、確率の考え方を使います。IRTを視力検査にたとえるところ（第4章　p.66）で、「視力検査の場合は、検査官が頭の中で瞬時に確率の計算をしているのではないか、というのは私の推測ですが、IRTの場合は、受験者の個々の項目に対する正誤パターンをもとに、コンピュータが確率の計算をして、最も可能性の高い『学力θ』を推定します。」と述べましたが、まさにここで言っている「確率の計算」をおこなうのです。

2 「学力θ」を推定する確率計算

それでは、どのように確率を計算するのでしょうか。A君の「学力θ」はまったくわかりません。まったくわからないのであれば、一つひとつ調べるしかありません。仮にA君の「学力θ」が0.0だとしましょう。そうすると、**表14**を見ると、A君が項目1に正答する確率は0.654、項目2は

0.500、そして項目3は0.265だとわかります。ここで、各項目に正答できるかどうかは互いに影響しない（＝「局所独立」）とします。すると、A君の「学力θ」を0.0としたときに、項目1と項目2に正答し、項目3に誤答する確率を、次の（式4）のように計算することができます。なお、**誤答する確率は、（1－正答確率）**であることに注意しないといけません。

> 項目1の正答確率×項目2の正答確率
> 　　×項目3の誤答確率（＝1－項目3の正答確率）　　　　（式4）

（式4）に「学力θ」が0.0の場合の正答確率を代入します。すると、

> 項目1の正答確率×項目2の正答確率
> 　　×項目3の誤答確率（＝1－項目3の正答確率）
> $= 0.654 \times 0.500 \times (1-0.265)$
> $= 0.240$

　A君の「学力θ」が0.0だとしたら、項目1が正答、項目2も正答、そして、項目3は誤答となる可能性（＝「確率」）は、0.240というわけです。それでは、A君の「学力θ」が0.1だとしたら、項目1が正答、項目2も正答、そして、項目3は誤答となる可能性はどのくらいでしょうか。同様に計算することで求めることができます。では、「学力θ」が0.2だとどうでしょう。0.3なら、0.4なら、0.5なら……。さらに、0.0から値を小さくして、「学力θ」が-0.9なら、-0.8なら、-0.7なら……。そうです、このように一つひとつ調べてみようというわけです。そして、**調べた結果の中から、一番可能性の大きい場合（確率の値が最も大きい場合）を探せば良い**。こういうことになります。しかし、調べてみた結果をお示しする前に、確認しておきたいことが一つあります。それは、「局所独立の仮定が成り立っていること」についてです。この仮定が成り立っていないと（式4）は使えません。

3 重要な「局所独立の仮定」

　(式4)は、数学の確率で登場する「積の公式」を使っています。思い出していただけるとありがたいのですが、こんな問題があります。

> 　中が見えない袋の中に、赤玉が4個、白玉が3個入っている。この袋の中から1個玉を取り出し、玉の色を確かめて袋に戻す。これを3回繰り返すとき、赤玉、白玉、赤玉と玉を取り出す確率を求めなさい。

　考え方を確認してみましょう。1回目に赤玉を取り出す確率は $\frac{4}{7}$、2回目に白玉を取り出す確率は $\frac{3}{7}$、そして、3回目に赤玉を取り出す確率は $\frac{4}{7}$。毎回の玉を取り出すことは互いに独立（互いに影響し合うことはない）だから、積の公式を使って、$\frac{4}{7} \times \frac{3}{7} \times \frac{4}{7} = \frac{48}{343}$ となります。

　積の公式が使えるのは、各試行が互いに独立でなくてはなりません。そのため、(式4)の計算ができる条件として、「各項目に対して正答できるかどうかが互いに独立」でなくてはなりません。そうです。まさに、**局所独立の仮定が成り立っていないといけない**というわけです。局所独立の仮定は、すでにIRTが使えるための条件として取り上げました。その際に、次のように言いました。

　「この仮定を守らないとどういう不都合なことが生じるのですか」とお聞きになりたい方もいらっしゃるでしょう。多くの場合、この仮定を守らなくても、IRTを使った得点は算出されてしまいます。それなら、「あまり気にすることもないんだね」とお考えになりますか。しかし、安易な考えに走るのは禁物です。

　局所独立の仮定を守ることは、IRTを使う際の大前提です。この仮定が守られていないと、IRTで得点を算出すること自体に意味がないことになります。そのくらい大事な条件です。(p.25)

　項目1から項目3について「局所独立の仮定」が成り立っていなくても、(式4)の計算をすることはできます。しかし、それをやってしまったらオ

第5章 IRTによる学力推定の方法・その2　89

シマイなんです。「局所独立の仮定」を守らなくても、もっともらしい「学力θ」を推定することはできます。IRTをよく知らない受験者であれば、何も疑問を感じることなく、提示された「学力θ」を信じるでしょう。仮に受験者がIRTのことは知らないとしても、テスト実施に関わる者の良心として、最も根本的なことは厳守しないといけません。「まあ、イイか」とはいきません。至極当たり前のことです。

4　A君の「学力θ」

A君の「学力θ」の推定に話を戻しましょう。**表14**をもとに、-3.0から3.0のそれぞれの「学力θ」の値に対して、A君の正誤パターン（項目1は正答、項目も2正答、項目3は誤答）が起きる確率を計算した結果が**表**

表15　A君の正誤パターンが起きる確率

学力θ	項目1	項目2	項目3	確率
-3.0	0.040	0.006	0.001	0.000
-2.9	0.045	0.007	0.001	0.000
-2.8	0.051	0.008	0.001	0.000
-2.7	0.057	0.010	0.001	0.001
-2.6	0.064	0.012	0.002	0.001
-2.5	0.072	0.014	0.002	0.001
-2.4	0.081	0.017	0.003	0.001
-2.3	0.092	0.020	0.003	0.002
-2.2	0.103	0.023	0.004	0.002
-2.1	0.115	0.027	0.005	0.003
-2.0	0.129	0.032	0.006	0.004
-1.9	0.144	0.038	0.007	0.005
-1.8	0.160	0.045	0.009	0.007
-1.7	0.178	0.053	0.011	0.009
-1.6	0.197	0.062	0.014	0.012
-1.5	0.218	0.072	0.017	0.016
-1.4	0.241	0.085	0.020	0.020
-1.3	0.265	0.099	0.025	0.026
-1.2	0.291	0.115	0.030	0.032
-1.1	0.318	0.134	0.037	0.041

学力θ	項目1	項目2	項目3	確率
-1.0	0.346	0.154	0.045	0.051
-0.9	0.375	0.178	0.054	0.063
-0.8	0.406	0.204	0.066	0.077
-0.7	0.437	0.233	0.080	0.094
-0.6	0.468	0.265	0.096	0.112
-0.5	0.500	0.299	0.115	0.132
-0.4	0.532	0.336	0.138	0.154
-0.3	0.563	0.375	0.164	0.177
-0.2	0.594	0.416	0.193	0.199
-0.1	0.625	0.458	0.227	0.221
0.0	0.654	0.500	0.265	0.240
0.1	0.682	0.542	0.307	0.257
0.2	0.709	0.584	0.352	0.269
0.3	0.735	0.625	0.399	0.276
0.4	0.759	0.664	0.449	0.278 ★
0.5	0.782	0.701	0.500	0.274
0.6	0.803	0.735	0.551	0.265
0.7	0.822	0.767	0.601	0.252
0.8	0.840	0.796	0.648	0.235
0.9	0.856	0.822	0.693	0.216

学力θ	項目1	項目2	項目3	確率
1.0	0.871	0.846	0.735	0.195
1.1	0.885	0.866	0.773	0.174
1.2	0.897	0.885	0.807	0.154
1.3	0.908	0.901	0.836	0.134
1.4	0.919	0.915	0.862	0.116
1.5	0.928	0.928	0.885	0.099
1.6	0.936	0.938	0.904	0.084
1.7	0.943	0.947	0.920	0.071
1.8	0.949	0.955	0.934	0.060
1.9	0.955	0.962	0.946	0.050
2.0	0.960	0.968	0.955	0.042
2.1	0.965	0.973	0.963	0.035
2.2	0.969	0.977	0.970	0.029
2.3	0.973	0.980	0.975	0.024
2.4	0.976	0.983	0.980	0.019
2.5	0.979	0.986	0.983	0.016
2.6	0.981	0.988	0.986	0.013
2.7	0.983	0.990	0.989	0.011
2.8	0.985	0.992	0.991	0.009
2.9	0.987	0.993	0.993	0.007
3.0	0.989	0.994	0.994	0.006

注：確率＝項目1の正答確率×項目2の正答確率×（1－項目3の正答確率）

15 です。

　表 15 の確率の欄を見てみましょう。最も確率の値が大きいのは、「学力 θ」が 0.4 のときです。よって、A 君が、項目 1 に正答し、項目 2 にも正答し、項目 3 には誤答するのは、A 君の「学力 θ」が 0.4 のときに最も可能性が大きいことから、A 君の「学力 θ」を 0.4 と推定する。これが、IRT による学力推定法の基本的な考え方です。なお、現実のテストの場合、出題される項目数が 3 ということは考えにくいです。しかし、項目数が 30 や 40 になっても、基本的にはここでおこなった計算をコンピュータで処理して、「学力 θ」を推定するのです。

5 最尤推定法

　（式 4）にある「項目 1 の正答確率×項目 2 の正答確率×項目 3 の誤答確率」の値のことを「尤度」と言います。「尤度」は、「ゆうど」と読みます。そして、「尤度」が最大となる「学力 θ」をもって、その受験者の学力と推定するという意味で、ここで取り上げた推定法を最尤推定法（MLE）と言います。「あれ、ずっと確率を計算していると思っていたのに、突然、尤度なんて言葉を持ち出されてもな」とお感じの方もいらっしゃるのではないでしょうか。確率と尤度の違いについて、もうずいぶん前のことですが、ある先生からお聞きしたお話をもとに説明いたしましょう。

　確率は、これから起きることの可能性の大きさです。先程の、袋の中の赤玉と白玉を取り出す問題の場合、玉を取り出すのはこれからの話で、玉はまだ取り出してはいません。では、尤度の説明の前に、先程の確率の問題を次のように作り替えてみます。

　　中が見えない袋の中に、赤玉と白玉が合わせて 7 個入っている。この袋の中から 1 個玉を取り出し、玉の色を確かめて袋に戻す。これを 3 回繰り返したところ、出た玉の色は、1 回目は赤、2 回目は白、3 回目は赤であった。このとき、袋に入っている赤玉と白玉の個数はそれ

ぞれ何個の場合が最も可能性が高いと言えるか。

　いかがでしょうか。玉はすでに取り出されています。取り出された玉の色の結果から、中が見えない袋の中の赤と白の玉の個数を推定しなさい、というわけです。先程のA君の話に戻ると、A君は、1番が正答、2番も正答、3番は誤答だったという結果はわかっています。そのときに、A君の「学力θ」を推定しなさいということでした。袋の中の玉の様子が見えないように、頭の中にあるA君の「学力θ」も外からは見えません。どうでしょうか、似ていませんか。つまり、**すでに起きたことに対して、その背景にあることの可能性の大きさを推定しています。これが尤度です**。ちなみに、赤玉と白玉の個数はそれぞれ何個と考えるのが妥当なのか、この問題を解いてみましょう。

赤1個、白6個の場合：$\dfrac{1}{7} \times \dfrac{6}{7} \times \dfrac{1}{7} = \dfrac{6}{343}$

赤2個、白5個の場合：$\dfrac{2}{7} \times \dfrac{5}{7} \times \dfrac{2}{7} = \dfrac{20}{343}$

赤3個、白4個の場合：$\dfrac{3}{7} \times \dfrac{4}{7} \times \dfrac{3}{7} = \dfrac{36}{343}$

赤4個、白3個の場合：$\dfrac{4}{7} \times \dfrac{3}{7} \times \dfrac{4}{7} = \dfrac{48}{343}$

赤5個、白2個の場合：$\dfrac{5}{7} \times \dfrac{2}{7} \times \dfrac{5}{7} = \dfrac{50}{343}$ ★

赤6個、白1個の場合：$\dfrac{6}{7} \times \dfrac{1}{7} \times \dfrac{6}{7} = \dfrac{36}{343}$

　よって、袋の中には、赤が5個、白が2個入っているのが、結果から見て「もっとも（最も）、もっとも（尤も）らしい状態」と推定されるというわけです。

6 全問正答、全問誤答の場合

　テストに出題された項目にすべて正答した場合、推定される「学力 θ」の値はどうなるのでしょうか。p.75〜76 で、「『学力 θ』がどんなに大きくても、正答確率は限りなく 1 に近づきますが決して 1 にはなりません」としました。ということは、すべての項目に正答した場合、「学力 θ」を大きくすればするほど尤度は大きくなりますが、いくら「学力 θ」を大きくしても尤度は最大値にならないということになります。つまり、全問正答の場合は、最尤推定法では「学力 θ」を推定することはできないことになります。同様に、テストに出題された項目にすべて誤答した場合も、最尤推定法では「学力 θ」を推定できません。

　理屈ではそうですが、IRT を実用化するときは、これでは困ります。そこで、「学力 θ」の推定に最尤推定法を使うのであれば、受験する集団の学力を考慮して、事前に全問正答のときと全問誤答のときの「学力 θ」を決めておかなくてはなりません。また、最尤推定法を使わずに、「EAP」や「MAP」と呼ばれる方法を使うこともありますが、ベイズ統計学という学問の話をしなければなりませんので、本書では扱いません。

7 テストの測定精度

(1) テスト情報量

　IRT では、「学力 θ」の推定精度を算出することができます。裏を返せば、推定した「学力 θ」がどの程度の誤差を含んでいるのかを算出できるのです。IRT では、テストの測定精度のことをテスト情報量と呼びます。また、テスト情報量は「学力 θ」ごとに求めることができ、その様子を図で表わしたものをテスト情報曲線と言います。

　　※次の探究路 5 は飛ばして読み進めていただいてけっこうです。

探究路 5　テスト情報関数の説明

> 　2 パラメーター・ロジスティック・モデルの場合、テスト情報量は次

の（式5）のように表わされます。

$$I(\theta) = D^2 \sum_{j=1}^{n} a_j^2 P_j(\theta) Q_j(\theta) \qquad (式5)$$

テスト情報量は「学力 θ」の関数として表わされ、その場合は「テスト情報関数」と呼ばれます。また、テスト情報量をグラフで表わしたものを「テスト情報曲線」と言います。

（式5）の右辺を見てみましょう。Σ の左にある D は定数で、通常は 1.7 が用いられます。Σ のすぐ右の a_j は項目 j の識別力です。$P_j(\theta)$ は「学力 θ」に応じた項目 j に正答する確率、$Q_j(\theta)$ は「学力 θ」に応じた項目 j に誤答する確率を表わしています。

（式5）で、なぜテストの測定精度が示されるのかの説明には数理統計学が必要になりますので、本書では省略します。ただし、この式から、IRT における測定精度は、個々の「学力 θ」に対して求めることができることがわかります。これは従来のテスト得点ではできないことなので、素晴らしいことだと思います。たとえば、次の**図 12** を見ると、「学力 θ」が 1.0 のときは 10.0、「学力 θ」が 2.0 のときは 5.0 という具合です。

従来のテスト得点の場合、たとえば、ある 100 点満点のテストを実施したところ、A 君は 55 点、B 君は 95 点を取ったとします。この場合、テスト全体としての測定精度が計算されます。つまり、A 君についても B 君についても同じ測定精度ということです。しかし、IRT の場合、推定された「学力 θ」の個々の値に対して、つまり、A 君と B 君に対して個別に測定の精度がわかるのです。

図 12 は、あるテストを IRT で分析して得られたテスト情報曲線です。これは良好な結果が出たテストの一つで、このときのテスト情報量の基準は 10.0 以上としました。これに従うと、「学力 θ」が -1.2 から 1.2 の範囲であれば基準を満たす精度が得られていますが、-1.2 よりも小さい下位

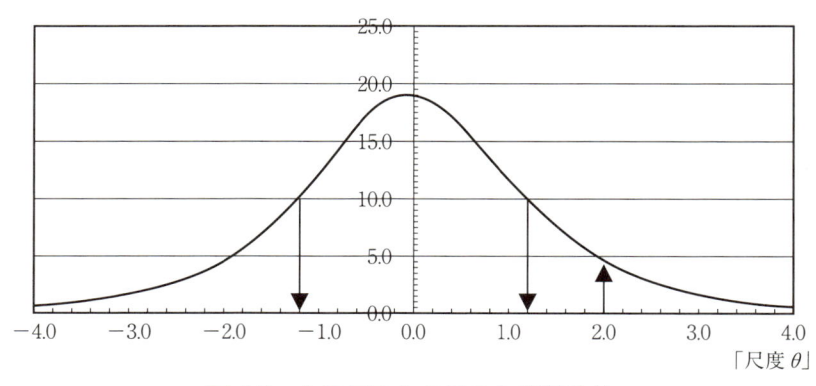

図12 あるテストのテスト情報曲線

層や、1.2よりも大きい上位層に示された「学力θ」は基準を満たしていないことになります。

　テスト情報量は、推定の誤差分散の逆数に相当します。そのため、テスト結果を活用する者に有効な情報を与えてくれます。なぜなら、テスト情報量を逆数にし、その正の平方根を求めると誤差に相当するわけですから、得られた結果にどのくらい自信を持って良いのか見当をつけることができるからです。**図12**の例では、テスト情報量の基準を10.0以上としました。10.0の逆数の平方根ですから、誤差は0.32です。少し乱暴ですが、これを偏差値に当てはめれば3.2の誤差に相当します。たとえば、偏差値50という結果が出ても、誤差3.2を含みますから、真の値は46.8から53.2の間にある可能性が大きいということになります。また、**図12**を見ると、「学力θ」が2.0のときのテスト情報量はおよそ5.0です。5.0の逆数の平方根は0.45です。偏差値で言えば、4.5の誤差を含みます。このようにこのテストで測定できる「学力θ」の推定値がどの値であれば、どの程度の誤差を含むかがわかりますので、それをふまえて結果を活用できるのです。

(2) テストの実施目的に合ったテスト情報量

　次に、困難度や識別力の大きさによってテスト情報曲線の形がどのようになるのか、簡単な例で確認してみましょう。

第5章　IRTによる学力推定の方法・その2　95

	項目1	項目2	項目3
識別力	1.2	1.2	1.2
困難度	0.0	0.0	0.0

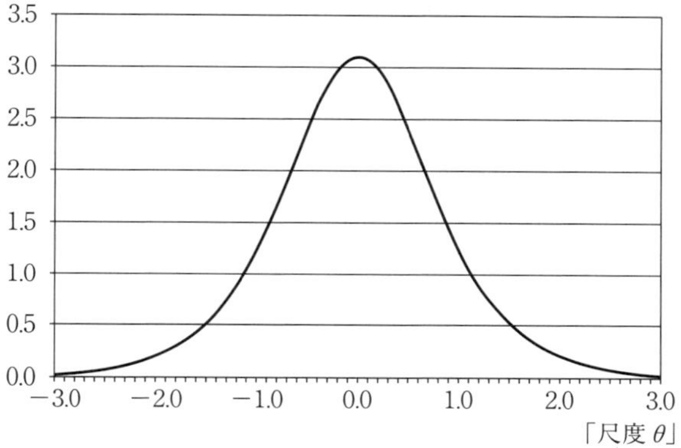

図13　テストAのテスト情報曲線

	項目1	項目2	項目3
識別力	1.2	1.2	1.2
困難度	−1.0	0.0	1.0

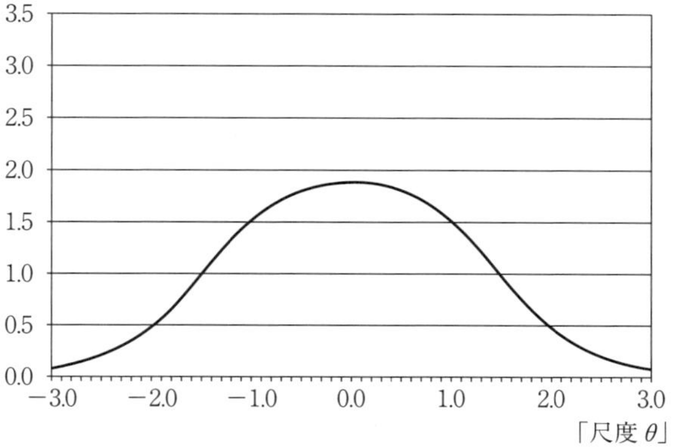

図14　テストBのテスト情報曲線

　三つの項目からなるテストAとBがあるとします。テストAに出題した項目は、3題とも識別力は1.2、困難度は0.0です。一方、テストBに出題した項目は、識別力は3題とも1.2ですが、困難度の値は3題とも違っ

ています。**図 13** はテスト A のテスト情報曲線を、**図 14** はテスト B のテスト情報曲線を表わしています（説明のためのわずか項目数が 3 のテストですから、情報量は大きくはなりませんが、例ということで無視してください）。

　テスト A とテスト B のテスト情報曲線の形を山にたとえて比較すると、いずれも「学力 θ」が 0.0 付近を頂上にしていますが、A は B よりも標高が高く頂上が尖った切り立った山。一方、B は A よりも標高が低いですが、ボリュームのあるなだらかな山、と言えます。テスト A は 0.0 付近で高い測定精度を示しますが、0.0 から外れると測定精度は急激に低下してしまいます。よって、テスト A は「学力 θ」が 0.0 付近の狭い範囲の学力を高い精度で測ることに適していると言えます。一方、テスト B は 0.0 付近で測定精度のピークを示しますが、テスト A のように急激に測定精度が低下することはありません。よってテスト B は「学力 θ」が 0.0 付近の比較的広い範囲の学力を、ある一定の測定精度を保って測定することに適していると言えます。テスト A は「学力 θ」が 0.0 を合否の境とした選抜試験に向いており、テスト B は「学力 θ」が 0.0 付近の学力調査に向いていると言えるでしょう。

> 項目パラメーターの値のわかった項目が相当数あれば、テストの実施目的にかなうテスト情報量となるように、出題する項目を選定することが可能になります。

これは従来のテストにはない IRT の特長だと言えます。

8 項目パラメーターの推定法

　ここまでは、困難度や識別力といった項目パラメーターはすでにわかっているものとしてきました。では、どうやって、項目パラメーターを決めるのでしょうか。「学力 θ」は受験者の正誤パターンから推定しますが、項目パラメーターも基本的には受験者の正誤パターンをもとに推定をおこないます。ただし、個人の「学力 θ」を推定する際は、推定したい人の正誤パ

第 5 章　IRT による学力推定の方法・その 2　97

ターンだけを使いますが、項目パラメーターを推定する際は、図 15 にあるような該当する項目を受験したすべての受験者の正誤パターンを使います。

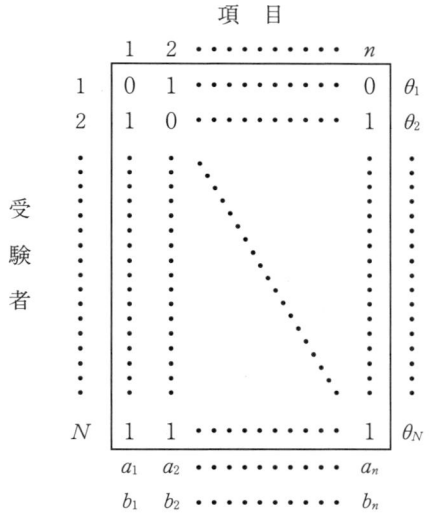

```
                 項　目
          1   2 ・・・・・・・・・・・・ n
       ┌─────────────────────────┐
    1  │ 0   1 ・・・・・・・・・・・・ 0 │ θ₁
    2  │ 1   0 ・・・・・・・・・・・・ 1 │ θ₂
受     │ ・   ・                    ・ │
験     │ ・     ・                  ・ │
者     │ ・       ・                ・ │
       │ ・         ・              ・ │
       │ ・           ・            ・ │
       │ ・             ・          ・ │
    N  │ 1   1 ・・・・・・・・・・・・ 1 │ θ_N
       └─────────────────────────┘
         a₁  a₂ ・・・・・・・・・・・・ aₙ
         b₁  b₂ ・・・・・・・・・・・・ bₙ
```

図 15　全受験者の正誤パターン

　項目パラメーターの推定法にはいくつかありますが、基本的な方法は「同時最尤推定法」だと思います。項目パラメーターの推定に際しては、テストを受験した受験者の「学力 θ」も、テストに出題された項目の項目パラメーターも、何もわかっていません。そこで、それぞれの受験者の「学力 θ」がいくつで、それぞれの項目の項目パラメーターがいくつのときに、該当するテストを受験したすべての受験者が示す正誤パターンが最も生じやすいのか、尤度を計算して推定するのです。この方法を使うと、項目パラメーターとともに受験者の「学力 θ」も同時に推定されますので、「同時最尤推定法」と呼びます。

　図 15 について言えば、1 番から N 番までの受験者の「学力 θ」($\theta_1, \theta_2, \cdots, \theta_N$) と、1 番から n 番までの項目の識別力 ($a_1, a_2, \cdots, a_n$) と困難度 ($b_1, b_2, \cdots, b_n$) が同時に推定されるわけです。この方法では、尤度を計算する

のはコンピュータだとしても、膨大な量の計算をおこなう必要があります。また、項目パラメーターだけを推定したいのに、受験者の「学力 θ」も推定されてしまうため、いわば余計なことをしているわけです。せっかく手に入った受験者の正誤データは、項目パラメーターの推定にだけ使うほうが、推定の精度を上げられるのではないかと思います。このようなことから、実際のところは、同時最尤推定法ではなく、他の推定法が用いられることが多いようです。具体的には、「周辺最尤推定法」や「ベイズ推定法」などですが、その詳細を取り上げることは控えます。

　皆さんに知ってもらいたいことは、

> 項目パラメーターは、その項目を含むテストを受験した受験者の正答と誤答の情報をもとに、IRT を使って分析して得られる

ということです。そして、項目パラメーターの値がいくつになるのか、これは、実際に分析をしてみないとわかりません。ですから、「困難度がいくつで、識別力はいくつの項目を作ってほしい」と言われても、ピッタリその通りの項目を作ることは至難の技なのです。では、どうすれば良いかと言えば、たくさんの項目を作って、それを多くの人に受験してもらい、得られた結果を IRT を使って分析して、作成した項目を検証する。そういう地道なことの積み重ねが必要なのです。

第6章
IRTによる等化

　第5章で、IRTはどのようにして受験者の「学力θ」や項目のパラメーターを推定するのかを取り上げました。しかし、これだけでは、なぜ、次のIRTの特長を実現できるのか説明になっていません。

問：IRTの特長は何ですか？
答：ⓐ異なる問題からなるテストの結果を互いに比較することができる。
　　ⓑ異なる集団で得られたテストの結果を互いに比較することができる。

　そのためには、等化についてお話をしなくてはなりません。しかし、私がIRTについてお話をするとき、これまでの「学力θ」の推定のところまでは、比較的多くの皆さんがウンウンと聞いてくださるのですが、等化の話に入った途端、急に険しい表情になってしまいます。式を示したり図を出したりして詳しく話せば話すほど、悲しいことに皆さんが遠くへ行って

しまわれるのです。そして、最後に、「一生懸命説明してくださったのにスミマセン、私の理解が追いつきませんでした」、と言われてしまうのです。そこで、今回は、思い切りザックリとお話しすることにしました。専門の先生からすれば、「そんな言い方はしません」とご指摘を受けるかもしれません。しかし、本書を書くにあたって、親しくさせていただいている高校の先生から、「厳密な意味では正しくない部分があっても、自分たちでもわかるように、わかりやすく書いてね」と言われています。その言葉を支えに、「等化」の世界に皆さん方と入ってまいりましょう。

1 共通尺度

　等化をするとはどういうことか、例を挙げてみましょう。

　毎年ほぼ同じ時期に、同じ学年の生徒を対象にテストを実施している学校があるとします。出題の内容やねらい、さらに項目数等は同じです。ある年に実施したテストをテスト X、その次の年に実施したテストをテスト Y とします。

　テスト X を実施した結果を、IRT の 2 パラメーター・ロジスティック・モデルで分析して得られた「ものさし」を、「尺度 θ_X」とします。テスト X に出題した項目を x1、x2、……、x30 とします。**図 16** は、項目 x1、x2、……、x30 を、困難度の値によって「尺度 θ_X」の上に並べたものです。

　テスト Y を実施した結果を、IRT の 2 パラメーター・ロジスティック・モデルで分析して得られた「ものさし」を、「尺度 θ_Y」とします。テスト Y に出題した項目を y1、y2、……、y30 とします。**図 17** は、項目 y1、y2、……、y30 を、困難度の値によって「尺度 θ_Y」の上に並べたものです。

　図 16 と**図 17** を比べると、テスト Y に出題した項目のほうが難しかったように見えますが、ここで注意しなくてはなりません。それは、**図 16** の「尺度 θ_X」と**図 17** の「尺度 θ_Y」の目盛りは、

> 同じ数値であっても、必ずしも同じ意味ではない

のです。たとえば、「尺度 θ_X」の 0.0 と、「尺度 θ_Y」の 0.0 は、数値は同じで

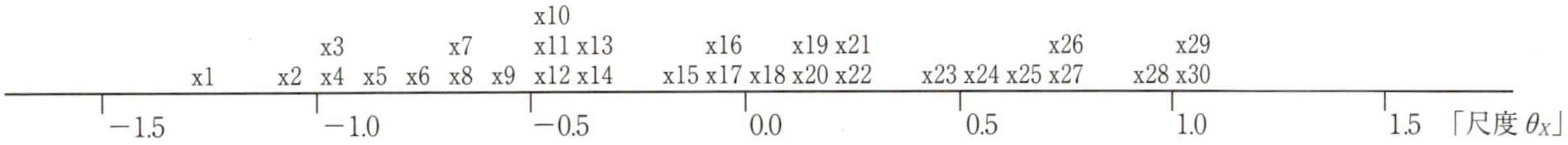

第 6 章　IRT による等化　101

図 16　テスト X から得られた「尺度 θ_X」

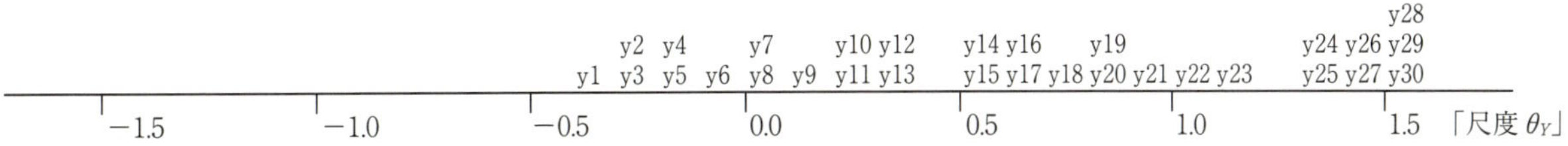

図 17　テスト Y から得られた「尺度 θ_Y」

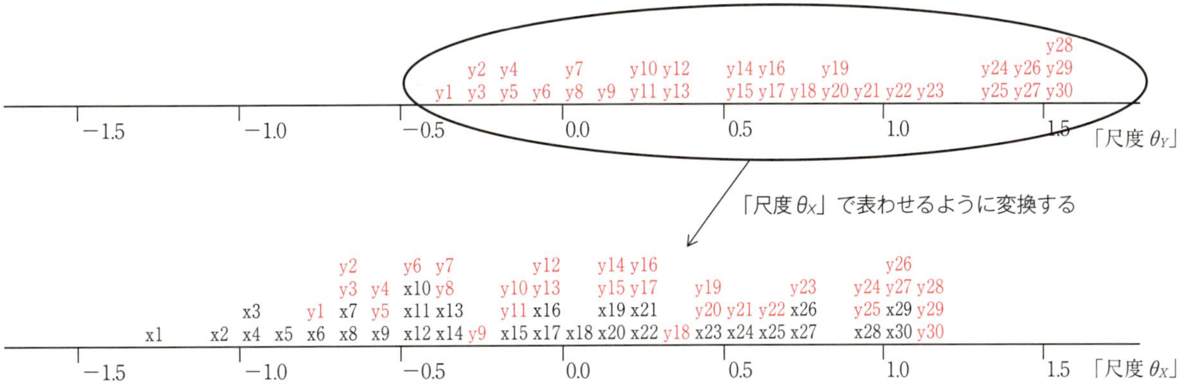

「尺度 θ_X」で表わせるように変換する

図 18　等化のイメージ

すが、同じ程度を意味しているという保証はないのです。

　温度計を考えてみてください。摂氏と華氏では、数値が同じであってもまったく違う温度を意味します。摂氏0度で水が凍りますが、華氏0度では水はとっくに凍ってしまいガチガチの堅い氷になっているでしょう（華氏0度は、摂氏で言うと－18度ですから）。ともに温度を測るものさしですが、摂氏と華氏では、数値の意味が違います。これと同じで、「尺度θ_X」も「尺度θ_Y」もともに学力を測るものさしですが、数値の意味が同じであるとは言えません。

　摂氏と華氏は互いに変換できます。その変換式は次の通りです。

　　華氏＝1.8×摂氏＋32　　　　　（式6）

　（式6）では、摂氏に1.8を掛けて32を足しています。このように、変換したいもの（ここでは、摂氏）に、定数（ここでは、1.8）を掛けて、その値に定数（ここでは、32）を足す変換を線形変換と言います。摂氏から華氏に変換するように、IRTでは、**図17**の「尺度θ_Y」の目盛りで表わされた項目y1からy30を、**図16**の「尺度θ_X」の目盛りで表わせるように変換することができます。その結果、「尺度θ_Y」上に並べた項目y1からy30を、「尺度θ_X」上に並べることができるのです。このことを**等化**（または、**等化する**）と言います。これをイメージで表わせば、**図18**のようになります。なお、IRTにおいて等化する場合、（式6）にある1.8や32のような定数を何らかの方法で推定しなくてはなりません。その推定方法のことを等化係数の推定法と言います。等化係数の推定法にはいくつもの種類があり、その内容は複雑ですので本書では説明を省きます。

　これによって、項目x1から項目x30の30項目と、項目y1から項目y30の30項目、合わせて60項目を「尺度θ_X」で表わすことができました。その結果、テストXを受験した人の「学力θ_X」も、テストYを受験した人の「学力θ_Y」も、ともに「尺度θ_X」で表わされることになり、テストYの受験者の「学力θ_Y」も等化されたことになります。「尺度θ_X」のように、等化

された項目の困難度や受験者の「学力θ」を表わす尺度のことを共通尺度と言います。

2 等化

本書のp.84以降、A君の例を挙げて「学力θ」の推定法の説明をしてきました。A君は、p.85の**表13**にあるテストを受験し、結果も**表13**にある通りでした。テストに出題された三つの項目の項目特性曲線はp.86の**図11**の通りで、これをもとにA君の「学力θ」を推定しました。話がわかりやすいように**表13**と**図11**を再掲します。

表13　A君の結果（再掲）

	項目1	項目2	項目3
識別力	0.75	1.00	1.20
困難度	−0.50	0.00	0.50
A君の結果	正答	正答	誤答

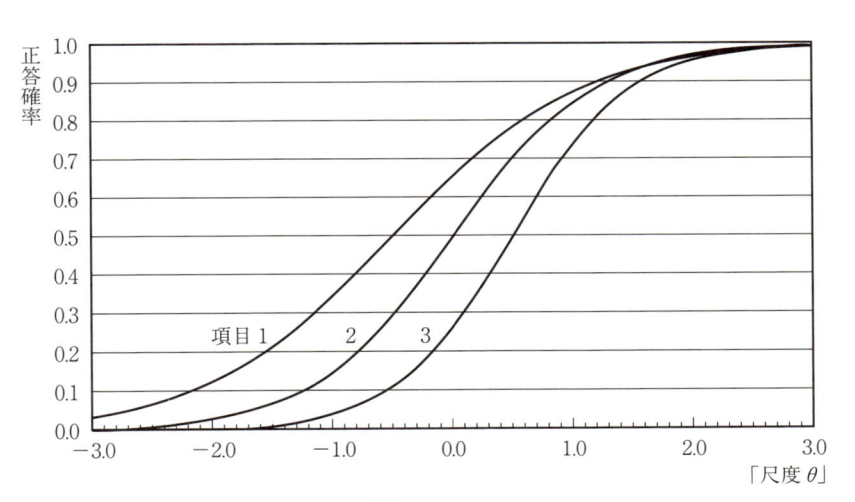

図11　項目1から項目3の項目特性曲線（再掲）

第 4 章の最初の部分（p.65）で、次のように述べました。

IRT の場合は、学力を測定する道具として目盛りのついた「ものさし」を事前に用意します。そして、その「ものさし」を使って受験者の学力を測るのです。学力を測る「ものさし」を事前に用意する点が、従来のテストの得点の求め方とまったく違います。

そうすると、A 君の学力を測るために事前に用意されていた「ものさし」は、一体全体、どこにあるのでしょうか。「A 君の学力を推定するときは、尤度の計算ばかりして『ものさし』なんか見た覚えはないなあ」と思われますか。実は、**図 11** の「尺度 θ」が、まさにここで言う事前に用意されていた「ものさし」なのです。

IRT の学力の測定の方法を A 君の例で説明すると、−3.0 から 3.0 まで 0.1 間隔でそれぞれの「学力 θ」に対応する尤度を計算し（結果は p.89 の**表 15**）、最も大きな尤度となる「学力 θ」をもって、A 君の推定値としました。その結果は 0.4 でしたが、この 0.4 というのは、**図 11** の「尺度 θ」上の 0.4

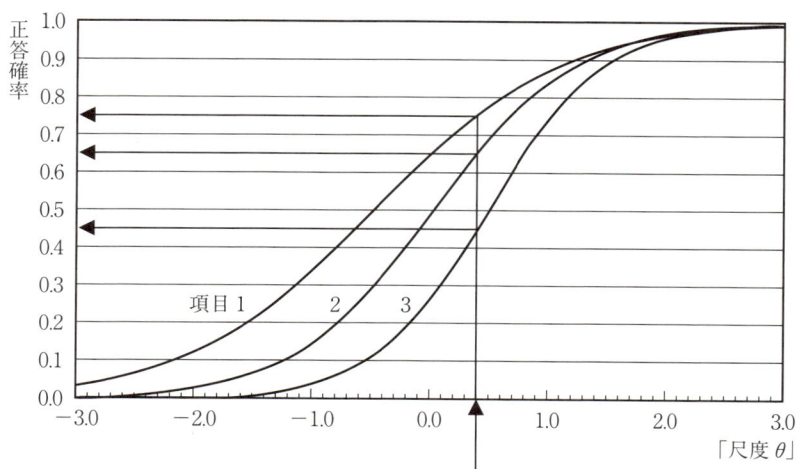

この尺度上で目盛りが 0.4 のときに尤度が最大となり、その値は、$0.759 \times 0.664 \times (1-0.449) = 0.278$ である。
A 君の「学力 θ」の値 0.4 もこの尺度上で表わされている。

図 19　A 君の「学力 θ」の位置

なのです。このことを表わしたのが**図19**です。

　ここで、**表13**にある項目1から項目3とは別の新たな項目（項目4から項目6とします）を作成したとしましょう。項目1から項目3の項目特性曲線は、**図11**にある「尺度θ」で表わされています。新たに作成した項目4から項目6も、等化をすることで、**図11**の「尺度θ」で項目特性曲線を表わすことができたとします。この様子を**図20**で表わします。このとき、項目1から項目3の項目特性曲線も、項目4から項目6の項目特性曲線も、共通の尺度で表わされていることになります。

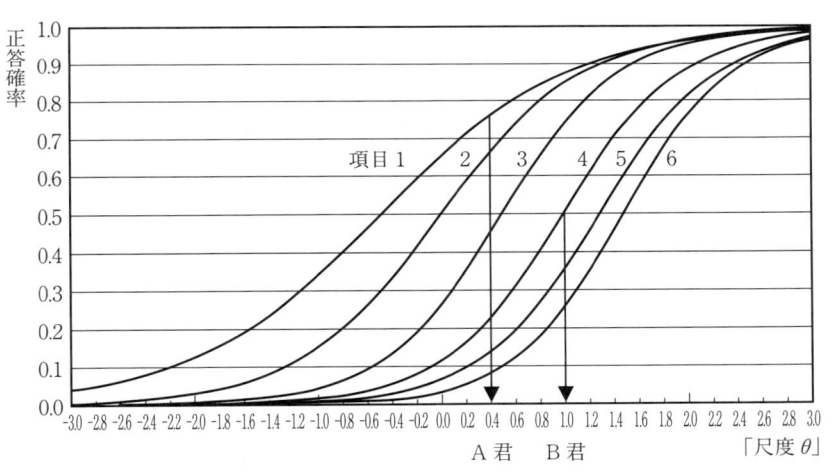

図20　共通の尺度で表わされる項目1〜項目6項目特性曲線

　図20にある項目1から項目6のうち、A君は項目1、2、3から成るテストを受験しました。一方、B君は項目4、5、6から成るテストを受験しました。そして、最尤推定法によって、B君の学力は「学力θ」=1.0と推定できたとします。A君の「学力θ」はすでに0.4と推定済みです。二人の「学力θ」は、いずれも**図20**の「尺度θ」上の目盛りで表わされていますから、二人の「学力θ」は互いに比較することが可能だと言えます。しかも、A君は項目1、2、3から成るテストを受け、B君は項目4、5、6から成るテストを受けたので、二人の受験したテストは異なる問題から成っ

ています。このように、

> IRTを使えば、「異なる問題から成るテストの結果を互いに比較することができる」

のです。そして、他にどのような人たちとともに受験したのか、とはまったく独立に個人の「学力θ」が推定されるのです。もちろん、一人で受験しても、その人の「学力θ」を推定することが可能です。つまり、

> IRTを使えば、「異なる集団で得られたテストの結果を互いに比較することができる」

と言えるのです。

　項目1から項目3の項目特性曲線を表わす「尺度θ」を使って、新たに作成した項目4から項目6の項目特性曲線を表わすことが、「等化（等化する）」です。この場合、項目4から項目6の項目パラメーターが、「尺度θ」で表わされたわけですから、「項目パラメーターの等化」がおこなわれたことになります。等化される前を「等化前パラメーター（未等化パラメーター）」、等化された後を「等化後パラメーター（等化済みパラメーター）」のように言います。そして、等化済みパラメーターを付与された項目を「等化済み（の）項目」、等化済みパラメーターを付与されていない項目を「未等化の項目」のように言います。

　また、A君の「学力θ」を表わす「尺度θ」を使って、B君の「学力θ」を表わす場合は、「学力θの等化」がおこなわれたことになります。「学力θの等化」がおこなわれた後を、「等化後θ（等化済みθ）」と言い、「学力θの等化」がおこなわれる前を、「等化前θ（未等化のθ）」のように言います。「等化」はIRTにおいてとても重要で、

> 異なる項目からなるテストの結果を互いに比較できるのは、まさに「等化」をおこなうから

なのです。

ここまでの話は、「毎年ほぼ同じ時期に、同じ学年の生徒を対象にテストを実施している学校がある」としてきました。つまり、等化したい二つのテストは難度がほぼ同じです。しかし、英語の高校1年生対象のテスト結果と高校3年生対象のテスト結果を比較するために共通尺度を構成する場合は、難度が著しく異なります。その場合は、特に「垂直尺度化」と言います（『組織・心理テスティングの科学』p.48）。10年ほど前は、難度がほぼ同じテストの等化を「水平的等化」、難度が著しく異なるテストの等化を「垂直的等化」と呼んでいましたのでご注意ください。この分野の研究はどんどん進んでいるのです。

3 等化係数

　摂氏から華氏に変換するには、（式6）にある線形変換の式を使います。IRTでも、等化するには、等化したい項目パラメーターや「学力 θ」に「定数」を掛け、その値に「定数」を足すという線形変換をおこないます。等化するための線形変換の定数を等化係数と言います。等化係数の求め方（＝「等化係数の推定法」）には、「Mean & Sigma 法」などがありますが、ここでは詳しいことは取り上げません。次にどのようにして等化をおこな

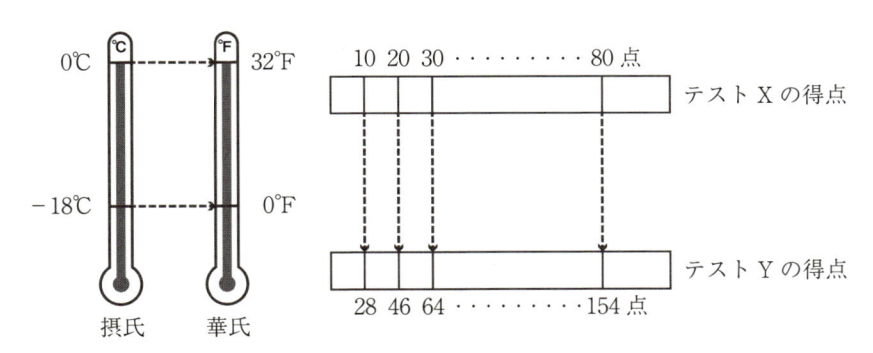

華氏＝定数1×摂氏＋定数2（定数1＝1.8、定数2＝32）
テストYの得点＝定数1×テストXの得点＋定数2
　　　　　　　　　　　　　　（定数1、2の値はテストによって異なる）

図21　摂氏から華氏への変換と等化

うのか（これを「等化デザイン」と呼びます）を説明しましょう。

4 等化デザイン

　等化をするためには、「等化するテスト間に共通の情報」が必要となります。そして、共通の情報に何を使うかによって、共通項目デザイン、共通受験者デザインなどに分けることができます。なお、どちらの等化デザインを使うにしても、

> 等化をするためにはテストの実施が不可欠

です。p. 22 で、IRT の特長として、異なる問題からなるテストの結果を互いに比較することができる点と、異なる集団で得られたテストの結果を互いに比較することができる点を挙げました。ただし、事前の準備が必要です、ともしました。そして、その事前の準備というのが、まさに、等化のためのテストを実施しなくてはならない、ということなのです。等化のためのテストを実施し、IRT を使って分析しなくてはならないのです。テストを実施することは大変です。そのため、等化には手間がかかります。しかし、この手間を惜しんでは、IRT の特長を活かすことはできないのです。

　では、話を戻して、**図 22** を使って、共通項目デザインと共通受験者デザインについて説明しましょう。

(1)　共通項目デザイン

　共通項目デザインとは、等化するテスト間で共通の項目を出題し、共通に出題した項目のパラメーターの値を利用して等化する方法です。**図 22**の共通項目デザインにあるように、テスト A とテスト B に共通に 15 題（X11 から X25）の項目を出題します。テスト A の A1 から A10 の 10 題とテスト B の B1 から B10 の 10 題はまったく別の項目です。

　テスト A とテスト B を異なる受験者集団に対して実施し、テストの結果を IRT の 2 パラメーター・ロジスティック・モデルを使って分析します。テスト A を IRT で分析して得られた「ものさし」を「尺度 θ_A」、テスト B

第6章 IRTによる等化　109

〈共通項目デザイン〉

テストAに 出題する項目	テストBに 出題する項目
A1	
A2	
A3	
A4	
A5	
A6	
A7	
A8	
A9	
A10	
	B1
	B2
	B3
	B4
	B5
	B6
	B7
	B8
	B9
	B10
X11	X11
X12	X12
X13	X13
X14	X14
X15	X15
X16	X16
X17	X17
X18	X18
X19	X19
X20	X20
X21	X21
X22	X22
X23	X23
X24	X24
X25	X25

X11 から X25 を
テスト A にもテスト B
にも出題する

〈共通受験者デザイン〉

テストCに 出題する項目	テストDに 出題する項目
C1	D1
C2	D2
C3	D3
C4	D4
C5	D5
C6	D6
C7	D7
C8	D8
C9	D9
C10	D10
C11	D11
C12	D12
C13	D13
C14	D14
C15	D15
C16	D16
C17	D17
C18	D18
C19	D19
C20	D20
C21	D21
C22	D22
C23	D23
C24	D24
C25	D25

同じ受験者が、
ほぼ同時期に、
テスト C と
テスト D の
両方を受験する

図22　等化デザイン

をIRTで分析して得られた「ものさし」を「尺度θ_B」とします。テストAに出題した項目を、困難度の値によって「尺度θ_A」に並べたものが図23です。同様に、テストBに出題した項目を、「尺度θ_B」に並べたものが図24です。ここでは、「尺度θ_B」で表わされた困難度の値を「尺度θ_A」の目盛りで表わすことを考えます（BをAに等化する）。

図23と図24を比べると、「尺度 θ_A」で表わされた X11 から X25 の困難度の値と、「尺度 θ_B」で表わされた X11 から X25 の困難度の値は異なっています。これは、同じ温度であっても、摂氏と華氏では数値が異なることと同じことです。摂氏と華氏の変換の場合は、(式6)にあるような変換式があります。同様に、テストBの結果をIRTで分析して得られた困難度の値(「尺度 θ_B」で表わされた値)を、テストAの結果をIRTで分析して得られた「尺度 θ_A」で表わすために、(式7)のような変換式を設定できれば良いと言えます。

華氏 ＝ 1.8×摂氏＋32　　　　(式6)

↓

「尺度 θ_A」で表わされた困難度
　　＝(定数1)×「尺度 θ_B」で表わされた困難度＋(定数2)　　(式7)

図25にあるように、「尺度 θ_A」で表わされた X11 から X25 の困難度の値と、「尺度 θ_B」で表わされた X11 から X25 の困難度の値は異なっていますが、同じ項目であれば困難度の意味は同じであることに着目して、(式7)にある(定数1)や(定数2)を求めます。(定数1)や(定数2)を求める等化係数の推定法には、「Mean & Sigma 法」などがあります。等化係数の推定法の説明もすべきところですが、相当の紙面が必要になるため別の機会におこないたいと思います。

(定数1)と(定数2)が求まれば、(式7)を用いて、テストBだけで出題された項目 B1〜B10 の困難度を、「尺度 θ_A」で表すことができます(図26参照)。

なお、識別力については、(式8)にあるように(定数1)を用いて変換できることがわかっています。

「尺度 θ_A」で表わされた識別力
　　＝「尺度 θ_B」で表わされた識別力÷(定数1)　　(式8)

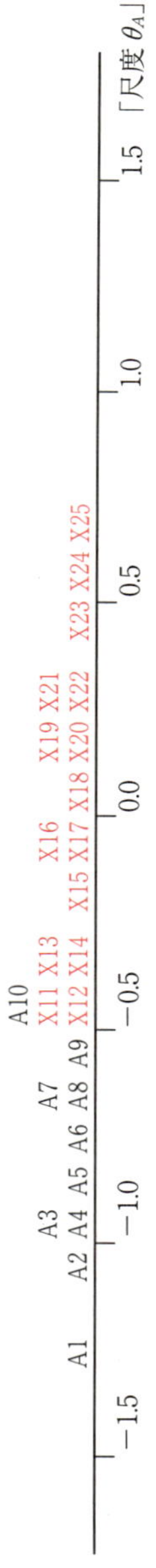

第 6 章　IRT による等化　111

図 23　困難度の大きさによって「尺度 θ_A」に並べたテスト A の項目

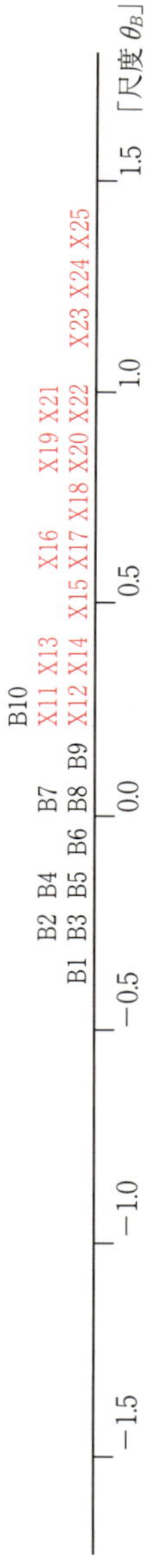

図 24　困難度の大きさによって「尺度 θ_B」に並べたテスト B の項目

これで、テスト B に出題した項目のパラメーター（つまり、困難度と識別力）が等化されたことになります。では、受験者の「学力 θ」についてはどうでしょうか。テスト A の受験者の「学力 θ」はもともと「尺度 θ_A」で表わされています。テスト B の受験者については、等化されたテスト B の項目パラメーター（等化後パラメーター）で表わされた項目特性を使って「学力 θ」を推定すれば、その結果は「尺度 θ_A」で表わすことができます。つまり、テスト A の受験者の「学力 θ」も、テスト B の受験者の「学力 θ」も、いずれも「尺度 θ_A」で表わされていることになり、テスト B の受験者の「学力 θ」も等化されたことになります。

（2）　共通受験者デザイン

　図 22 の共通受験者デザインにあるテスト C とテスト D には、まったく別の項目が出題されています。そして、共通の受験者が、テスト C とテスト D をほぼ同時期に受験します。テスト C の結果を IRT で分析して「尺度 θ_C」を得、同様にテスト D の結果を IRT で分析して「尺度 θ_D」を得ました。二つの「ものさし」は異なりますので、同じ受験者であっても、それぞれの「ものさし」で表わされる「学力 θ」の値は異なります。ただし、同じ受験者の「学力 θ」であれば、値は異なっていても、同じ学力を意味しますので、（式 9）を使って変換できることになります。

　　「尺度 θ_C」での「学力 θ」
　　　　＝（定数 1）×「尺度 θ_D」での「学力 θ」＋（定数 2）　　　（式 9）

　p. 28 で IRT を使うテストでは必ず過去問題が出題されるわけではない、としました。テストに出題する項目がすべて新規作成（＝ 等化されていない）であっても、共通受験者デザインを使えば IRT による等化は不可能ではありません。このことを、年に 2 回実施される全国規模のテストを例に説明してみましょう。その方法を図示したものが図 27 です。
　図 27 において、テスト X1 とテスト X2 は等化済みの項目からなるテ

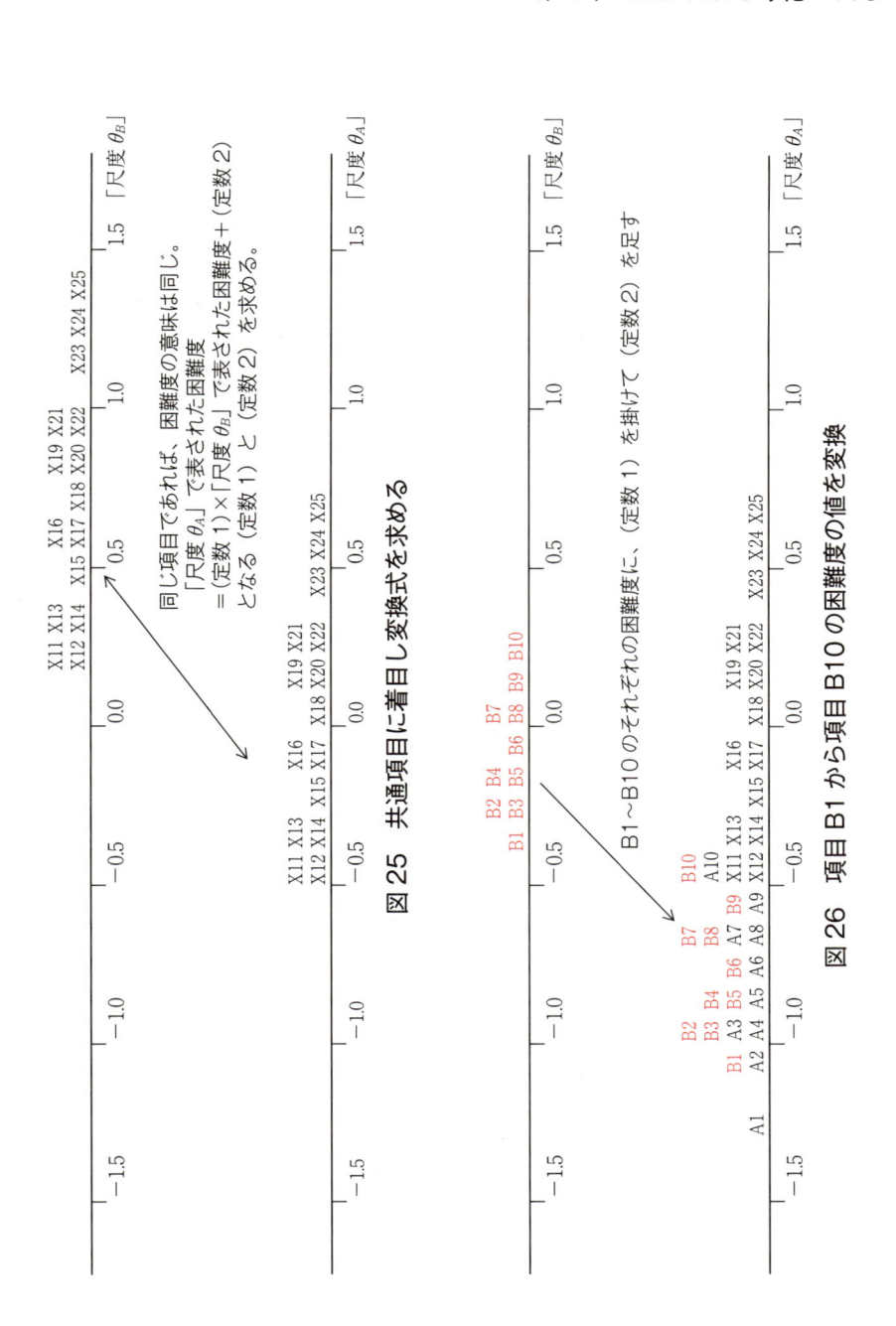

第 6 章 IRT による等化 113

```
            X11 X13         X16       X19 X21
            X12 X14 X15 X17 X18 X20 X22       X23 X24 X25
├────┼────┼────┼────┼────┼────┼─── [尺度 $\theta_B$]
-1.5   -1.0   -0.5   0.0   0.5   1.0   1.5

同じ項目であれば，困難度の意味は同じ．
「尺度 $\theta_A$」で表された困難度
=（定数 1）×「尺度 $\theta_B$」で表された困難度 ＋（定数 2）
となる（定数 1）と（定数 2）を求める．

            X11 X13         X16       X19 X21
            X12 X14 X15 X17 X18 X20 X22       X23 X24 X25
├────┼────┼────┼────┼────┼────┼─── [尺度 $\theta_A$]
-1.5   -1.0   -0.5   0.0   0.5   1.0   1.5
```

図 25　共通項目に着目し変換式を求める

```
                B2 B4       B7
                B1 B3 B5 B6 B8 B9 B10
├────┼────┼────┼────┼────┼────┼─── [尺度 $\theta_B$]
-1.5   -1.0   -0.5   0.0   0.5   1.0   1.5

B1~B10 のそれぞれの困難度に，（定数 1）を掛けて（定数 2）を足す

        B2 B4       B7       B10
        B3 B5 B6 A7 B8 B9    A10                X19 X21
    A2 A4 A5 A6 A8 A9  X11 X13  X16  X15 X17 X18 X20 X22  X23 X24 X25
A1                     X12 X14
├────┼────┼────┼────┼────┼────┼─── [尺度 $\theta_A$]
-1.5   -1.0   -0.5   0.0   0.5   1.0   1.5
```

図 26　項目 B1 から項目 B10 の困難度の値を変換

```
 10月                                            1月
┌──────────────────┐                    ┌──────────────────┐
│ 全国規模のテスト1回目 │                    │ 全国規模のテスト2回目 │
└──────────────────┘                    └──────────────────┘
  ↑受験        ↘                          ↙        ↑受験
 集団A   〈学力を「尺度θx」で表わす〉◄──►〈学力を「尺度θx」で表わす〉  集団B
  ↓受験              得点の比較が可能                  ↓受験
┌────────┐                                      ┌────────┐
│ テストX1 │                                      │ テストX2 │
└────────┘                                      └────────┘
 「尺度θx」◄────────────(共通尺度)────────────►「尺度θx」
```

図27　全国規模のテストの等化

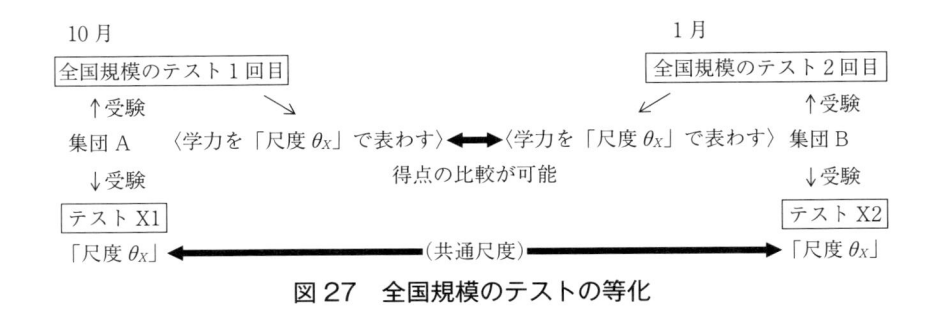

ストです。つまり、テストX1とテストX2に出題されるすべての項目の項目パラメーターは、共通尺度（「尺度θ_x」としましょう）上で表わされています。全国規模のテストは10月と年明けの1月に実施され、出題される項目はすべて新規に作成されたものです（＝等化されていません）。二つのテストのねらいは同じで、試験時間や出題される項目数や難度等も同じになるように作られているとします。1回目と2回目のテストの結果を比較したいのですが、いずれのテストも出題される項目は新規作成ですので、IRTを使い等化をおこないます。

　まず、「集団A」が、1回目の全国規模のテストとテストX1の両方を受験します。「等化するテスト間に共通の情報」として「集団A」を使い、1回目の全国規模のテストを等化します。等化することで、1回目の全国規模のテストの受験者の学力を共通尺度「尺度θ_x」で表わすことができます。同様に、「集団B」が、2回目の全国規模のテストとテストX2の両方を受験します。「等化するテスト間に共通の情報」として「集団B」を使い、2回目の全国規模のテストを等化します。等化することで、2回目の全国規模のテストの受験者の学力も共通尺度「尺度θ_x」で表わすことができます。これで、1回目の全国規模のテストの受験者の学力も2回目の全国規模のテストの受験者の学力も、いずれも、共通尺度「尺度θ_x」で表わされていますので、比較することが可能になります。

(3) 等化は必ず成功するのか

　理屈ではこのようになるのですが、等化は必ず成功するわけではありません。条件によっては、等化できないこともありえます。そのため、上記のように、テストに出題する項目がすべて新規作成（＝「未等化」）で、テスト実施後に一気に等化してしまおうというのは、少々危険な賭けのように思えます。もしも、すべての項目で等化に失敗してしまったら、受験者の「学力θ」はわからずじまいになってしまいます。これは最悪の事態です（最悪の事態を想定して、IRTを使わずに何とかして当初の目的を達成できるような事前準備も整えておく必要があります）。

　日本においては、入学試験はすべての問題が初出であることが大前提です。そのため、日本の入学試験でIRTを使うには、テストに出題した項目を一発勝負で等化しなくてはならなくなり、極めて大きな困難がともなうことになるでしょう。この危険を回避するには、「過去に実施した等化済みの項目」を再利用することが最善策です。そうなると、過去に実施済みの項目をそっくりそのまま再利用するわけですから、テストに出題した問題は非公開となります。入試に出題された問題の内容や傾向を研究し、これを何度も解きなおして問題に慣れ親しんでおく訓練をする。これが、おそらく、多くの日本の受験生がおこなう受験対策ですから、過去問題の非公開は一大事です（もし、そうなれば公の問題集が必要となるでしょう）。また、仮に非公開にしても、あれやこれやの手を使って、入試問題の再現を試みる人たちが後を絶たないでしょう。

　入学試験問題を公開するのか、非公開とするのかは、テストを実施する側とテストを受ける側の双方にとって大きな問題ですから、ここで安易に結論を出すことはできません。問題点だけ提示して解決策を示さないというのは申し訳ないのですが、本書で取り上げるにはテーマが大きすぎます。別の機会があれば、ぜひ考えてみたいと思います。

第7章 その他のIRTモデル

　IRTの基本的な内容を説明するために、ここまで2パラメーター・ロジスティック・モデルの話をしてきました。項目特性、「学力 θ」の推定、そして、等化と、盛りだくさんだったと思います。次から2パラメーター・ロジスティック・モデル以外のモデルの話をします。モデルの話はもう十分だとお感じの方は、第8章へ進んでいただいてもけっこうです。第8章では、IRTを使ったテスト開発と実施の話をしますが、本章の知識がなくても大丈夫です。

1　二値型モデルと多値型モデル

　2パラメーター・ロジスティック・モデルがあるなら、1パラメーターや3パラメーターがありそうですが、確かに存在します。1パラメーター・ロジスティック・モデルは、困難度は項目によって異なりますが、識別力の値はどの項目も同じとします。3パラメーター・ロジスティック・モデルは、識別力、困難度に加えて、偶然正答する要素を加味した当て推量パラ

メーター（cパラメーターと呼ばれます）の3つのパラメーターから成ります。国や地域によって使われるモデルに違いがあるようで、1パラメーター・ロジスティック・モデルはヨーロッパやオーストラリア、3パラメーター・ロジスティック・モデルはアメリカ合衆国、そして、日本では2パラメーター・ロジスティック・モデルがよく使われているようです。

また、これら三つのモデルは、モデルによって使用するパラメーターの数が異なりますが、いずれも採点結果が正答か誤答かの二つの場合についてのみ適用することができます。つまり、部分点が発生する場合はこれらのモデルを使うことはできません。採点結果が二つの場合のみ使えるという意味で、**二値型モデル**と呼ばれます。一方、正答・誤答以外の採点結果が生じる場合は、二値型ではなく**多値型モデル**が使われます。多値型モデルには、段階反応モデルや名義反応モデルなどがあります（**表16** 参照）。

表16　二値型モデルと多値型モデル

二値型モデル	1パラメーター・ロジスティック・モデル 2パラメーター・ロジスティック・モデル 3パラメーター・ロジスティック・モデル　等
多値型モデル	段階反応モデル 名義反応モデル　等

次に、1パラメーター・ロジスティック・モデル、3パラメーター・ロジスティック・モデル、段階反応モデル、そして、名義反応モデルの順に取り上げます。

2　1パラメーター・ロジスティック・モデル

2パラメーター・ロジスティック・モデルの項目特性関数において、識別力を項目によらない同じ値（つまり定数）とみなしますので、このモデルの項目特性曲関数は次の（式10）で表わされることになります。困難度は項目によって異なりますので、b_jのように添え字がついていますが、識別力は項目によらず一定の値ですので、aとなり添え字はついていません。

$$P_j(\theta) = \frac{1}{1+\exp\{-1.7a(\theta-b_j)\}} \qquad (式10)$$

1パラメーター・ロジスティック・モデルは、ラッシュ・モデルとも呼ばれ、モデルが簡単なため受験者が比較的少ないテスト分析にも用いられます（『組織・心理テスティングの科学』p.30）

3　3パラメーター・ロジスティック・モデル

2パラメーター・ロジスティック・モデルの項目特性関数に対して、「当て推量」（cパラメーター）を加えます。3パラメーター・ロジスティック・モデルの項目特性関数は次の（式11）で表わされます。

$$P_j(\theta) = c_j + (1-c_j)\frac{1}{1+\exp\{-1.7a_j(\theta-b_j)\}} \qquad (式11)$$

2パラメーター・ロジスティック・モデルの場合、「学力 θ」が限りなく小さくなると正答確率は限りなく0に近づきますが、3パラメーター・ロジスティック・モデルの場合は、0ではなく当て推量パラメーター（式11の c_j の値）に限りなく近づきます。また、2パラメーター・ロジスティック・モデルの場合、「学力 θ」の値が困難度と同じ場合に正答確率が0.5となりますが、3パラメーター・ロジスティック・モデルの場合は、$\frac{1+c_j}{2}$ となります。なお、「3パラメーター・ロジスティック・モデルは、原理的には多枝選択形式の項目を取り扱うのに優れていますが、実際には推定すべきパラメーターの数が多くなり、そのため項目パラメーターを推定する際に多数の受験者が必要となります」（『組織・心理テスティングの科学』p.30）。**図28**に、項目パラメーターの値によって、3パラメーター・ロジスティック・モデルの項目特性曲線がどのようなるのかを示しましたので、参考にしてください。

	項目1	項目2	項目3	項目4	項目5	項目6
識別力	1.00	1.00	1.00	1.00	0.80	1.20
困難度	0.00	0.00	1.00	1.50	−0.50	−0.50
当て推量	0.20	0.00	0.20	0.20	0.20	0.20

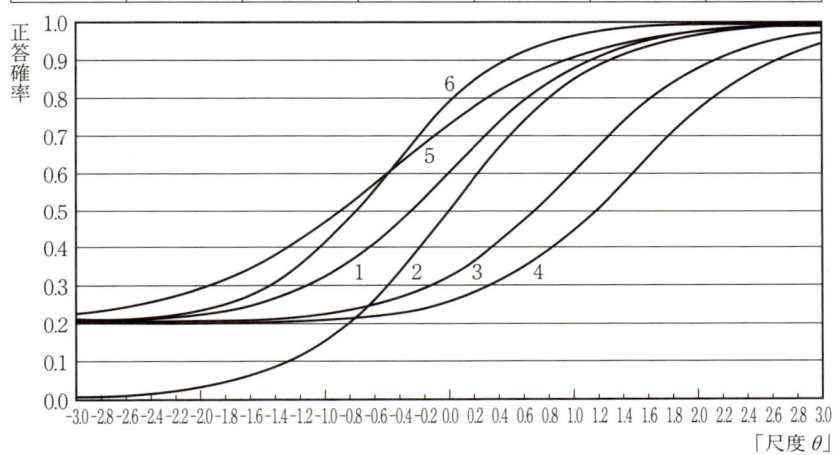

図28 3パラメーター・ロジスティック・モデルの項目特性曲線の例

4 段階反応モデル

　段階反応モデルとは、Graded Response Model のことで、GRM とも呼ばれます。段階反応モデルは、採点結果が正答、誤答に加えて、部分的に正答（つまり部分点）が生じる場合にも使うことができます。二値型モデルでは、受験者の解答を正答か誤答に分類しますが、段階反応モデルの場合は、受験者の解答を正答なら3、部分的に正答なら2、誤答なら1のように順序づけをします（段階をつけます）。二値型モデルでは、受験者の正答パターンをもとに、項目パラメーターを推定したり、受験者の学力を推定したりします。一方、段階反応モデルの場合は、受験者の解答を順序づけした結果をもとに項目パラメーターを推定したり、受験者の学力を推定したりします。

(1) 項目反応カテゴリー特性曲線

　二値型モデルの場合、「学力 θ」の大きさによって正答確率がどのような

変わるのかを、項目特性曲線として表わします。一方、段階反応モデルの場合、「学力 θ」の大きさによって正答、部分的に正答、誤答の反応確率がどのように変化するかを項目反応カテゴリー特性曲線として表わします。正答、部分的に正答、誤答の反応確率とは、正答する確率、部分的に正答となる確率、誤答する確率のことです。なお、正答、部分的に正答、誤答などの項目に対する反応を、「カテゴリー」と呼びます。よって、それぞれのカテゴリーに対して、「学力 θ」の大きさによって反応確率がどのように変わるのかを表わしたものが項目反応カテゴリー特性曲線です。図29 は、項目反応カテゴリー特性曲線の例です。これは、中学生対象の数学の記述式問題を、段階反応モデルで分析した結果です。

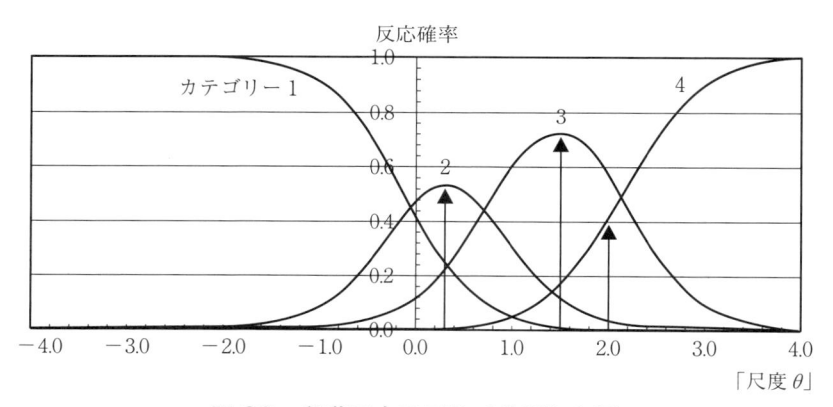

図29 段階反応モデルで分析した例

図29 で示した項目には四つのカテゴリーがあり、カテゴリー4 が正答、カテゴリー3 と 2 は部分的に正答（部分点）で、より正答に近いのはカテゴリー3、そして、カテゴリー1 は誤答です。カテゴリー特性曲線を見ると、カテゴリー4、3、2、1 の順で、「学力 θ」の高いほうから低いほうへ並んでおり、整合性のとれた結果になっています。

次に各カテゴリーの特徴を見てみましょう。正答のカテゴリー4 のカテゴリー特性曲線を見ると、「学力 θ」が 2.0 というこのテストを受験した集団の中では高い学力を示す受験者であっても、この項目に正答できる確率

は0.4程度であり（＝「学力θ」が2.0あってもこの項目に正答できる人は半分程度しかいない）、この項目の難度は高かったことがわかります。また、部分的に正答とするカテゴリー3は「学力θ」が1.5付近で最も反応確率が高く、部分的に正答とするカテゴリー2は「学力θ」が0.3付近で最も反応確率が高くなっています。これは、平均的な学力よりも高い受験者でなければ、部分点ももらえないことを示しています。誤答のカテゴリー1を見ると、「学力θ」が−0.1付近で反応確率が0.5となっており、平均的な受験者であってもおよそ半数はこの問題に誤答することがわかります。

なお、**図29**の項目について、部分点を認めない採点をしたらどういう結果になるのでしょうか。その場合、二値型モデルで分析することになりますが、項目特性曲線は**図29**の正答（カテゴリー4）のカテゴリー特性曲線とほぼ一致し、**図30**のようになります。

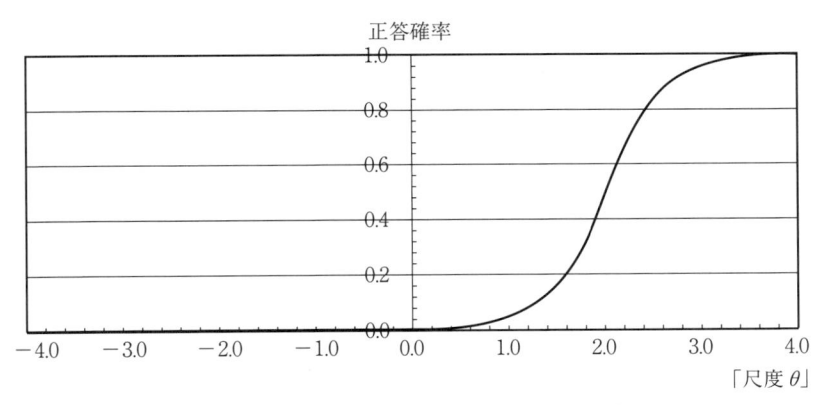

図30 部分点を誤答とした場合の分析例

図30の項目特性曲線は、困難度は2.0を超え、識別力が2.0で、相当に難しい問題だと言えます。もし、正答か誤答かで採点すると、途中までできていた受験者を切り捨てることになります。それを防ぐには採点基準を甘くすれば良いのですが、そうすると、一部の良くできる受験者を見分けることができなくなります。このような項目の場合には、部分点を加味した段階反応モデルのほうが二値型モデルよりも適していると言えそうです。

(2) 段階反応モデルを使うときの注意点

p.25 で、次のような「ケーキを買いに行く問題」を取り上げました。問1と問2は局所独立ではありませんので二値型モデルは使えませんが、段階反応モデルならば適用することができます。しかし、考えなければならないことがあります。問1と問2は次の通りでした。

> 問1：AさんはBさんの誕生日のお祝いにと、近所のケーキ屋さんに行きました。1個400円のケーキを5個と1個500円のケーキを4個買うことにしました。合計金額はいくらになるでしょう。
>
> 問2：近所のケーキ屋さんはBさんの誕生祝いと聞くと、合計金額から600円おまけするよ、と言ってくれました。Aさんは、元の金額の何パーセントでケーキを買ったことになりますか。

採点基準は次のように決めたとします。

> 問1（配点を1点とする）
> 　正解：4000円と解答したもの
> 　不正解：上記以外の解答
>
> 問2（配点を2点とする）
> 　正解：85% または 0.85 と解答したもの
> 　不正解：上記以外の解答

この採点基準をもとに、問1と問2の正誤パターン（①〜④-2の5パターン）によって得点がどのようになるのかを、**表17**にまとめました。

表17　正誤パターンによる得点の違い

	①	②	③	④-1	④-2
問1（1点）	誤答	正答	正答	誤答	誤答
問2（2点）	誤答	誤答	正答	正答	正答
得点	0	1	3	0	2

表 17 において、正誤パターンの①〜③の得点については、特に異論はないと思います。正誤パターン④については、0 点と 2 点の 2 通りが示してあります。パターン④-1 の考え方は、問 2 は問 1 に正答できていることを前提とするので、問 2 の正答は「まぐれ」とみなし、得点は 0 点です。しかし、問 1 も問 2 も正答できていたのに、問 1 の解答を解答欄に書く際に間違えたのかもしれません。あるいは、問 1 に間違えたので問 2 も誤答だったのですが、その後やり直して両問とも正答できました。しかし、あわててしまい、問 1 だけ書き直すのを忘れてしまったのかもしれません。そういうケースも考慮すると、パターン④-2 のように 2 点とすることも一つの考え方です。さあ、どちらの考え方をとるべきでしょうか。

IRT は、どちらにすべきか、に対して答えを示してはくれません。そもそも、通常のテストであっても、どちらにするのか決めなくてはいけません。どちらの方法に決まったとしても、決められた採点基準に基づく採点結果を使って、IRT の分析をおこなうのです。そして、どちらの考え方をとるにしても、IRT で分析することは可能です。その方法は次の通りです。

問 2 に正答するには問 1 で正答することを前提としていますから、局所独立ではありません。よって、問 1 と問 2 を独立した項目と考えて、二値型モデルを使うことはできません。そこで、問 1 と問 2 を一つの大問の中の二つの枝問と捉え、問 1 と問 2 の正誤によって生じる得点の大きい順に順序づけをおこない、段階反応モデルで分析します。その際、正誤パターン④-1 を採用するか、④-2 を採用するかによって、得点が 3 段階（0 点、1 点、3 点）か、4 段階（0 点、1 点、2 点、3 点）かが決まります。3 段階で分析した結果と 4 段階で分析した結果を比較して、どちらが良いかを検討して最終的に決める方法もありえますが、テストの実施者が受験者に何を求めるのかという観点から事前に決めておくべきだと思います。

なお、p.25 では、ここで取り上げた問 1 と問 2 を次のような「問い」にまとめました。

問い：A さんは B さんの誕生日のお祝いにと、近所のケーキ屋さんに

行きました。1個 400 円のケーキを 5 個と 1 個 500 円のケーキを 4 個買うことにしました。すると、近所のケーキ屋さんは B さんの誕生祝いと聞くと、合計金額から 600 円おまけするよ、と言ってくれました。A さんは元の金額の何パーセントでケーキを買ったことになりますか。

この場合、部分点を認めないのであれば二値型モデルで対応できます。部分点を認めるのであれば、二値型モデルでは対応できませんが、段階反応モデルでは対応できます。

5 名義反応モデル

名義反応モデルとは、Nominal Response Model のことで、NRM とも呼ばれます。段階反応モデルは、正答、部分的に正答、誤答という具合に、受験者の解答を順序づけして分析をおこないますが、正解が一つとは限らないとか、部分的に正解とみなせる解答に優劣をつけられないとかの場合は、使えません。このような場合、名義反応モデルならば対応が可能です。たとえば、p.36 で「採点基準」を取り上げた際に、「1 次方程式を解く問題で、$x=\frac{1}{2}$ が正解のとき、『$x=$』を書かずに『$\frac{1}{2}$』とした解答や、約分し忘れて『$x=\frac{2}{4}$』とした解答、さらに、大文字の X を使って『$X=\frac{1}{2}$』とした解答をどうするのか」としました。このとき、**解答を順序づけできるのであれば、段階反応モデルが使えます。順序づけができない、または、順序づけをしない場合は、名義反応モデルを使います。**

どうするのかと言うと、「$x=\frac{1}{2}$」をカテゴリー 1、「$\frac{1}{2}$」をカテゴリー 2、「$x=\frac{2}{4}$」をカテゴリー 3、「$X=\frac{1}{2}$」をカテゴリー 4 という具合に解答を分類し、正答かどうかは一切考慮せず、単に分類した解答に名前をつけただけのデータ（=「名義データ」）を使って分析をおこないます。

図 31 は、中学生対象の方程式を解く問題を、名義反応モデルを使って分析した結果です。

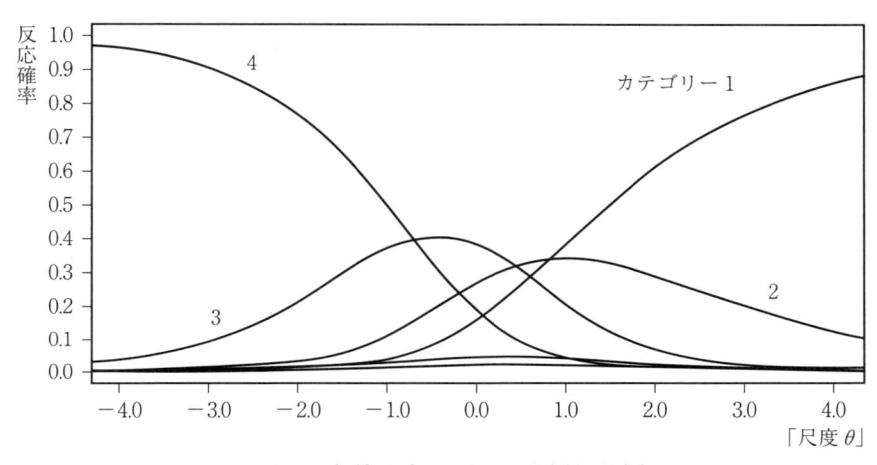

図31 名義反応モデルで分析した例

図31において、カテゴリー1は「$x=\frac{1}{2}$」と解答したもの。カテゴリー2は単に「$\frac{1}{2}$」と書いて「$x=$」を書かなかったものです。いずれも、正しく方程式の解を求められているのですが、カテゴリー1は「$x=$」を書き、カテゴリー2は「$x=$」を書いていません。おそらく、多くの場合いずれも正答にすると思いますが、名義反応モデルで分析すると、両者には相当な学力の違いが見られました。この背景には言及しませんが、興味深い結果だと思います。

また、その他の誤答（カテゴリー3）と無解答（カテゴリー4）のカテゴリー特性曲線を比べると、その他の誤答の受験者のほうが、無解答の受験者よりも「学力θ」が高いことが見てとれます。何か解答して間違える受験者のほうが、何も書かない受験者よりも学力が高い可能性があるというわけです。教育の現場で、そのようにお感じになられている先生も多いのではないでしょうか。

ここで示した例だけでなく、名義反応モデルを使って分析すると、受験者が解答した背景を探るうえで興味深い情報が手に入ることがあります。しかし、IRTの専門書によると、「名義反応モデルにおいては、2パラメー

ター・ロジスティック・モデルにおける識別力および困難度パラメーターのように内容的な意味づけをおこなうことはできない」(『組織・心理テスティングの科学』p.75)とあります。つまり、ここで示した例のように、何らかの外的情報があればパラメーターの示す値を「実質的、経験的」に解釈できますが、外的情報なしにパラメーターの役割を識別力や困難度のように意味づけられないということです。パラメーターの内容的な意味づけが困難となると、非常に興味深い結果を見せてくれるモデルではありますが、実用化する際は慎重に検討したほうが良さそうです。

第8章 IRTを使ったテストの開発と実施

　これまで、IRTとは何なのか、を取り上げてきました。潜在特性、尺度、局所独立の仮定、1次元性、項目特性曲線、推定、項目パラメーター、θ、テスト情報量、そして、等化など、これらの言葉は従来のテストを取り扱う際に、ほとんど目にすることはないと思います。裏返せば、これらの言葉がIRTとは何かを探るうえでのキーワードと言えます。次からは、IRTを使ったテストを開発し、それを実施する場合、従来のテストと比べて何が不要となり、何が新たに必要となるのか、を考えてみたいと思います。

　テストの実施目的によって、開発や実施の手順は違うかもしれませんが、大くくりで考えてみた場合、次頁の1から12のようになるのではないでしょうか。1から7はテスト実施前の計画の立案です。事前の計画を重視しているのは、どれだけ緻密で具体的な計画を立てられるかが、テストの成否を決めると考えているからです。なお、ここで考えるテストは、学力を測定するためのものとします。

1. テストの実施目的の明確化
2. テストの出題企画の立案
3. テストの等化計画の立案
4. テストの実施計画の立案
5. テストの収支計画の立案
6. テストの分析企画の立案
7. テストの活用計画の立案
8. テスト冊子の作成
9. テストの実施
10. テスト結果の分析
11. テストの評価基準の作成
12. テスト結果の活用

では、順に内容を検討してみましょう。

1 テストの実施目的の明確化
(1) 何のためのテストなのか

　誰のために、何のためにテストを実施するのか。これが明確になっていないと話は始まりませんし、ここがあいまいなままで話を始めると、テストを実施して何らかの結果が得られたとしても、「結果を使って何をするんだっけ、とりあえず結果は出たけどね」という好ましくない事態にもなりかねません。

　そもそも、テストの実施目的にはどのようなものがあるのでしょうか。考えられるものを列挙してみると、選抜テスト、診断テスト、総括テスト、育成テスト、検定テスト、資格試験、習熟度テスト、学力調査などけっこうあります。自分たちが実施しようとしているテストの目的を明確にし、テストを実施することで何を手に入れたいのかを、何よりも先に、はっきりさせておく必要があります。なお、教育や学習の PDCA サイクルにおいて、テストが担うのは C（Check）だと考えています。そして、Plan や

Do や Action を担う人たちに、事実としての Evidence を提供することが、テストの役割だと思います。この点は、従来のテストも IRT を使う場合も同じです。

（2） 何を測るテストなのか

　テストの実施目的がはっきりしたら、目的を果たすためにテストで「何を」測るのかを検討します。ここで、「何を」に相当することを構成概念と言います。構成概念が決まったら、テストに出題する問題の企画（＝「テストの出題企画」）を立てますので、**構成概念はテストを実施するうえでの大方針**です。しかし、テストで「何を」測るのか、の「何」を具体的に示すことは容易なことではありません。ここで言う「何」は頭の中のブラックボックスの中にありますから、あくまで仮定にすぎないのです。「仮定したものを定義する」のは大変難しいことです。しかし、大変難しいからといって、定義があいまいでは、そのあとのテスト開発は、すべてあいまいになってしまいかねません。

（3） どんな問題を出題するのか

　テストで「何を測りたいのか」があいまいな状態では、テストでどんな問題を出題すれば良いのかもあいまいになってしまいます。こんな状況では、問題作りに携わる人たちは、どういう問題が求められているのかよくわからないから、一人ひとりの良心に基づいて、こういうことかな、ああいうことかな、と思いを巡らすことになります。一生懸命にテスト冊子を作り上げ、ミスのないように採点し、厳密な方法で分析して、テストの結果が出た。しかし、「この結果は、何についての結果なの。何を知りたかったの、何をしたかったの。よくわからなくなってしまった……」。こんな結末は、イヤですね。

　読者の皆さんの中には、「そんな大変なことをしてテストを作っていないし、そんなイヤな結末にはなっていないよ」と怪訝に思われる方がいらっしゃると思います。「毎年、毎年、同じ考え方で問題を作っているから、あ

らためて何を測るのかなんて考えることはないよ」と。それはそれで良いのかもしれません。「毎年、このテストでは『○○力』を測ってきたのだ」と。しかし、次の年から、「○○力」ではなく、「△△力」を測ることになったらどういうことになるのでしょうか。「△△力」という言葉だけ示されて、具体的な問題を作ることができるでしょうか。

　たとえばこんなことが言えるかもしれません。問題作成担当のA先生とB先生が自分なりにお考えになりました。そして、A先生が、「これが『△△力』を測るにふさわしい問題だ」と自信満々に問題の原稿を提出されました。すると、B先生も、同じように、「これが『△△力』を測るにふさわしい問題だ」と自信満々に問題の原稿を提出されました。問題検討会議で、A先生とB先生が、どちらが「△△力」を測るにふさわしい問題か、激しい議論を始め収拾がつかない。なぜ結論が出ないのか、二人の議論をよくよく聞くと、「そもそも『△△力』とは何であるのか」、二人の先生は明確な定義をお持ちでない。そのため、提出された問題が、「なぜ、『△△力』を測っていると言えるのか」、議論がかみ合わない。

　それまでの「○○力」については明確な定義があったのでしょうか。おそらく、なかったのではないでしょうか。それなのに、なぜ、毎年、問題を作り続けられたのか。それは、出題済みの過去の問題の蓄積があったからでしょう。毎年、毎年、「このような問題」を作り続けてきたのです。そして、今年も、「このような問題」を作れば良い。いまさら、「このような」の具体的な中身は何だ、などと面倒な話を蒸し返すこともない。確かにそうかもしれません。しかし、その陰で、「テストに出題したこの問題で一体何がわかるのだろう。このテストで本当に良いのだろうか」と答えの見つからない難問に悩んでいる人がいるかもしれません。

(4)　IRTを使うなら

　新たにIRTを使う事態になったら、どういうことになるのでしょうか。「1次元性」はIRTを使うための条件ですから、テストが測っているものが等質であることは非常に重要です。毎年、毎年、同じような「このよう

な問題」を作り続けていたのであれば、等質性は保たれており結果的に「1次元性」に問題はないかもしれません。そして、出題する項目の局所独立が守られていれば、新たにIRTを使っても何も不都合はないかもしれません。しかし、

> これまでにない新たな学力を問うテストを開発する場合は、きちんと「構成概念」を検討し、テストで「何を」測るのかを具体的な形にしておかなくてはなりません。

IRTを使わないのであれば、構成概念が少々あいまいでも、テストは開発され、実施され、何らかの結果も出てくるでしょう。しかし、IRTを使うとなれば、しかも、できるだけ厳密にIRTを使うとなれば、テストの1次元性をきちんと保証するうえでも、構成概念の明確化は必須事項であると言えます。

(5) なぜIRTを使うのか

　テストの実施目的によっては、わざわざIRTを使う必要がない場合があります。IRTという新しい技術があると聞くと、それを使ってみたくなるものです。特に、これまでのテストでは実現が難しいことが可能になるとなれば、なおさらのことです。しかし、ここで気をつけなければならないことは、

> IRTは手段であって目的ではない

ということです。IRTは学力を測定するための技術ですから、何かを実現するために新たな技術を使うということはわかります。しかし、新たな技術で学力を測定することが目的になってしまうと、測定したはいいけれど、その結果の使い道にたちまち困ってしまいかねません。また、**IRTを使うからという理由で、テストに出題する問題を変えなくてはならないとか、採点の方法を変えなくてはならないとか、そういうことはまったくもって本末転倒です。**何か実現したいことがあり、それを実現するためにIRT

が適しているのであれば、IRT を使えば良いと思います。つまり、テストの実施目的を検討する際に、なぜ、IRT を使うのか、ということも十分に検討しておく必要があります。IRT は新しい技術だから、これから実施するすべてのテストに IRT を使う。こんなことを考える必要はまったくありません。

2 テストの出題企画の立案
(1) どのようなテストにするのか

「テストの実施目的の明確化」で述べたように、テストの実施目的がはっきりしたら、目的を果たすためにテストで「何を」測るのか（＝「構成概念」）を検討します。構成概念が決まったら、テストに出題する問題についての企画（＝「テストの出題企画」）を立てます。テストに出題する問題作りの計画で、細かいところまで検討しておく必要があります。たとえば、試験時間、出題範囲、出題内容、出題数、出題形式などです。さらに、テストの実施目的や、想定される受験者の状況に応じて、目標とする平均点や望ましい得点分布なども検討しておく必要があります。特に、個々の問題の出題内容は重要です。

> 一つひとつの「問題が問うている内容」は、その「テストで何を測りたいのか」と整合性のあるもの

でなくてはなりません。

IRT を使う場合には、局所独立の仮定が成り立っていることが必要です。また、等化デザインに沿った出題企画になっていることも必要です。どのような等化デザインを使うかによって、テストの出題企画も変わります。さらに、テスト情報量をもとにどの程度の測定精度が必要であるのかを、この時点で検討しておく場合もあります。これらの必要事項もテストの出題企画に盛り込んでおきます。

(2) 平均点の設定

　平均点についてこんなことがありました。もう 10 年以上も前のことですが、高校生を対象とした診断テストを開発したことがあります。新学年に進級するにあたり、新しい内容の学習をスムーズに進めるための基本事項の理解を診断するテストです。テストの開発担当として、ある学校を訪問しました。先生方にテストのねらいを説明し、テストに出題する問題も見ていただきました。学年担当の先生は、「良いんじゃない」と良い返事。しかし、若い教科担当の先生は露骨に不機嫌な顔で、「こんな簡単なテストを薦めるとは、ウチをバカにしているのか」と大声。熱血漢といった感じの先生で、おそらく普段から熱心に生徒を指導されているのでしょう。自分たちの生徒はもっとできる。こんな問題では物足りない、とお感じになられたようです。「確かに基本事項の確認ですから問題は簡単かもしれませんが、このテストの目標は生徒さん全員が 100 点を取ることです。新学年の学習に不可欠の基本事項の確認テストなんですが……」。丁寧に申し上げたつもりが、まずいことに、これが火に油。「ウチの生徒は全員 100 点に決まっている。受けるまでもない。だから、バカにしているのか、と聞いているんだ」。「うわー、まずい」と思って次の言葉を探していると、学年担当の先生が、「まあまあ、試しに一度受けてみよう。全員が楽々 100 点取れるのならそれでもいいじゃない」と助け舟。すると、「そんなの時間の無駄です。でも、先生がそうおっしゃるなら……」と渋々同意してくださいました。そして、帰り際に、「もし、一人でも 100 点を取れなかったらボウズにするよ」とニヤリ。「全員 100 点に決まっている。どうしてくれようか」という感じでした。

　はたして、テストが終わり、結果が出ました。平均点は、確か、70 点くらいだったと思います。これでも、隣の学校よりも良い結果です。学校に成績が届いた日の午後、すぐに来るようにと電話がありました。職員室に入ると、学年担当の先生の隣にあの先生が小さくなって座っておられます。開口一番、「ごめんなさい。約束通りボウズにします」。先生の言葉を遮るように、「いえいえ、けっこうですから」と言葉を返すと、学年担当の先生

が、「教師は一生懸命教えるから、生徒もそれに応えてきちんと理解していると思いがち。でも、なかなかそうはいかないよ。予想平均点100点なんて、ありえないんだよ」。普段から生徒を見ておられる先生でもテストの点を予想することは難しい。ましてや、顔も名前も知らない受験生が何点取れそうかを予想するなど至難の技。この一件で身に染みた次第です。

テストの出題企画において、目標平均点は設定できるかもしれません。しかし、予想平均点は無理な話です。なお、IRTを使ったとしても、平均点を予想することが困難であることに何ら変わりはありません。

(3) テストの実施目的によって異なる得点分布

得点分布についてもこんなことがありました。ある学校でのことです。それまでは自校でテストを作成されていましたが、訳あって私どものテストを採用していただきました。テストの結果のご報告に伺ったところ、「さすが、問題を上手に作りますね。うちの先生が作ると、数学なんか得点分布が台形みたいになって正規分布にならないんですよ」とニコニコ顔。しかし、「いえいえ、そのような」と言葉を返しながら内心はドキドキです。なぜなら、何年も自作されていた数学のテストの結果が、台形のような得点分布だったということは、その学校には失礼ですが、生徒の数学の学力差が大きく、テストはその実情を正しく反映していた可能性が大きいから

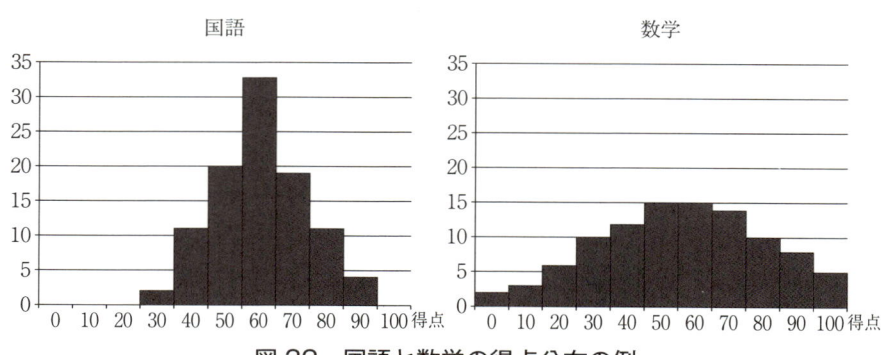

図32　国語と数学の得点分布の例

です。一般的に、英語、数学、国語で比べると、国語は得点の差がつきにくく、得点分布は尖った山の形に、一方、数学は得点の差が大きく、得点分布はなだらかな高原状になる傾向が見られます（**図32**参照）。特に、基本的な問題を多数出題したときは、なだらかな高原状（台形のような分布）になることは珍しくありません。

　しかし、どういうわけか、どんなテストであっても、得点分布は正規分布のような左右対称になることが良いと考えておられる方が少なくないようです。そのため、テスト作成の依頼を受けるときに、「テストの結果は正規分布に近い形になるようにしてください」と言われることは珍しくありません。しかし、**望ましい得点分布はテストの実施目的によっても異なってくるのではないでしょうか**。選抜試験ならば、合格者と不合格者ができるだけ明確に分かれることが望ましいでしょう。学期末の総括試験であれば、できるだけ多くの生徒が高得点をとることが望ましいでしょう。どんな場合でも正規分布のような左右対称になっていることが望ましいとは言えないのです。

　また、テストの結果を見て、「分布が正規分布のような形だから、今回のテストは良くできたね」と褒めていただくことも少なくありません。この本を読んでおられる皆さんは、どのようにお考えになりますか。**テストを受験した集団の学力の実態をできるだけ正しく表わしていることが、望ましいはずです**。ですから、集団の学力実態が上位層と下位層に二つに分かれているのであれば、テストの結果もそれを反映したものが良く、決して左右対称であることが望ましいとは言えません。そもそも、正規分布という言い方が、正しいあるべき分布という印象を与えるのかもしれません。なお、ここでの話は正規分布の捉え方ですから、IRTを使っても状況は変わらないでしょう。

3 テストの等化計画の立案

　IRTを使う場合、等化計画は必須事項です。等化計画の内容を5W1Hの観点で列記してみましょう。

計画その1として、テストの実施目的を達成するために、
「誰を対象とした（who）、どういう項目を（what）、どのくらいの量（how）、いつまでに（when）、どのくらいのコストをかけて（how）、誰が（who）、どこで（where）、どのような方法で（how）等化するのか」
　そして、計画その2として、
「等化済みの項目を（what）、誰が（who）、どこで（where）、どのような方法で（how）、いつから（when）、どのくらいのコストをかけて（how）、管理するのか」
となります。この計画は、かなり早い段階で立てておかなくてはなりません。なぜなら、等化計画は、「テストの出題企画」や「テストの収支計画」と影響を及ぼし合うからです。たとえば、収支計画の点から等化計画を見直す必要が出てくるかもしれません。そうなれば、出題企画にも影響が及びます。なお、等化計画を立てる人には、テストの実施目的を立てる人と同様に、IRTに関する知見とともに、教育に関する幅広い見識が求められると思います。

　等化済みの項目は、項目プール（アイテムプール）と呼ばれる問題データベースに蓄積し、必要に応じて再利用します。上記の計画その2は項目プールの管理のことを言っています。また、項目を項目プールに蓄積するにあたっては、項目の内容や等化済みパラメーターの値だけでなく、項目作成者、項目の使用履歴、項目分析の結果などの情報も併わせて持っておくと良いでしょう。また、これから等化する予定の項目や、等化に失敗した項目など、未等化の項目をどのように管理するのかも検討しておくべきです。

4　テストの実施計画の立案

　テスト実施に含まれるのは、受験者の受付と管理、試験会場の手配、試験監督の手配、採点者の手配、配送者の手配、試験会場の管理・運営、実施用品の配送、採点、集計等で、テストの規模等によっては不要なものもありますが、多岐にわたります。IRTを使えば等化は必須ですので、さら

に等化用テストの実施も必要です。テスト実施をどのようにおこなうのかは個別の事情によりますので、これ以上はふれないことにします。その代わり、コンピュータを使うテストについて取り上げたいと思います。

(1) コンピュータを使うテスト

これまでは、紙で実施されるテストの受験方法を検討すれば十分でしたが、これからは、コンピュータを使うテストの普及が進むことでしょう。コンピュータを使うテストは、CBT（Computer Based Test）と呼ばれますが、言葉の使い方に少々混乱が生じているようです。ちなみに、CBTに対して紙で実施するテストのことは、PBT（Paper Based Test）やP&P（Paper & Pencil Test）と呼ばれています。コンピュータを使うテストについて、次の図33をもとに考えてみたいと思います。

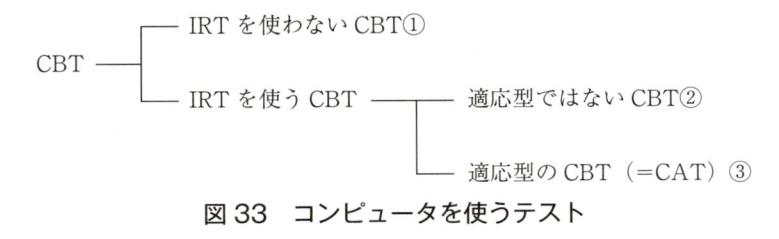

```
            ┌─ IRTを使わないCBT①
CBT ────────┤
            └─ IRTを使うCBT ───┬─ 適応型ではないCBT②
                              │
                              └─ 適応型のCBT（＝CAT）③
```

図33　コンピュータを使うテスト

コンピュータを使うテストは、IRTを使わないCBT（**図33**の①）と、IRTを使うCBT（**図33**の②と③）に分けることができます。将来的に、CBTにはIRTが使われる可能性が大きいと思われますので、IRTを使わないCBT（**図33**の①）は検討から外します。IRTを使うCBTは、②適応型ではないCBTと、③適応型のCBT（＝「CAT」）に分かれます。CATは、CBTと似た言葉ですので混乱しがちですが、Computerized Adaptive Testの略で、国内では、コンピュータ適応型テストと呼ばれています。

(2) CATの場合はIRTが必要

②の適応型ではないCBTの場合、従来の紙で実施するテストと同様に、

すべての受験者が同じ項目を解きます。テストに出題する項目は、比較的易しいものから難しいものまで含んでいることが多く、受験者の学力のばらつきに対応しようとしています。しかし、この方法では、一部の受験者には、難しすぎる項目や易しすぎる項目が含まれることになり、学力を測定するうえでは必ずしも適切とは言えない場合があります。つまり、テストが、受験者の学力レベルに合っていないことが生じうるわけです。そこで、「受験者個人ごとに最適な困難度等の特性をもつ項目を選択してテストを編集したならば、すべての受験者に対して十分に満足できる精度の測定が可能となる。」（『組織・心理テスティングの科学』p.64）という考え方に基づいて開発されたのが、「適応型テスト」です。そして、コンピュータを使った「適応型テスト」のことを、CAT（コンピュータ適応型テスト）と呼びます。

　CATを使えば、受験者一人ひとりの学力に応じて、個人ごとに異なる項目から成るテストを受けてもらうことができます。つまり、最初に標準的な項目を提示し、受験者が正答すれば次はより難しい項目を提示し（困難度を上げる）、正答できなければ次の項目を易しくする（困難度を下げる）などの対応が可能となるのです。CATを使う場合に、「受験者個人ごとに最適な困難度等の特性をもつ項目を選択」するうえで、IRTは有効な道具になります。よって、p.30で取り上げたように、「CBTを使うには、IRTを使わなくてはならないのか」に対する回答は、**CBTの中でもCATの場合はIRTが必要である**、ということになるわけです。

　先程、CBT（Computer Based Test）の使い方に少々混乱が生じているように思うと書きました。それは、CBTを単にコンピュータを使うテストの意味で使っているのか、CATの意味で使っているのか、どういう意味で使われているのかわからない場合があるという意味です。CBTという言葉を使っておられる方にその場で確認できる場合は良いのですが、そうでない場合は慎重に言葉の意味を探るべきだと思います。なお、最近ではCATの意味でCBTを使うことが多いようです。

　紙のテストの実施方法については、長年にわたる経験や知見の蓄積があ

りますが、しかし、コンピュータを使うテストの場合はまだ十分とは言えないと思います。特にCATの場合、受験者ごとに出題される項目が異なり、テストの終了時刻も受験者によって異なることが想定されます。これまでのテストの考え方を見直す必要があり、何をもって公平なテストとするのかを考え直さなくてはなりません。

(3) 必要な項目数

　CAT（**図33**の③）と適応型ではないCBT（**図33**の②）を比べると、テストを実施するうえで必要な問題数は異なってきます。次に、この点を検討します。

　適応型ではないCBTの場合（**図33**の②）、事前に用意しておくべき等化済み項目はどのくらいの数が必要なのでしょうか。例を挙げて考えてみましょう。ある学年のある教科について、1回に30項目を出題するテストを年に3回実施し、向こう5年間継続します。このテストを実施するために、事前に5年分の等化済み項目を用意します。すると、事前に用意しておくべき等化済み項目数は、最低でも、

　30項目×3回×5年分＝450項目　です。

　これを3学年分準備すると、450項目×3学年＝1,350項目　となり、

　さらに、3教科分とすると、1,350項目×3教科＝4,050項目　となります。

　では、CATの場合（**図33**の③）はどうでしょうか。CATを使うとなると、ある項目に対する正答・誤答に応じて次に出題する項目を変えていき、しかも、出題する項目が特定の内容や分野等に偏らないようにしなくてはなりません。

　例を挙げてみましょう。ある学年のある教科について五つの分野があるとします。各分野について、6レベルを設定し、各レベルに50項目用意します。年に2回テストを実施し、5年分の等化済み項目を用意するとします。すると、

　5分野×6レベル×50項目×2回×5年分＝15,000項目　です。

　これを3学年分準備すると、15,000項目×3学年＝45,000項目　となり、

さらに、3教科分とすると、45,000項目×3教科＝135,000項目　となります。

　CATの場合（**図33**の③）は受験者個人ごとにできるだけ最適な項目を出題するわけですから、すべての受験者に対して同一の項目を出題するよりも、はるかに多くの等化済み項目を準備しなくてはならないことが良くわかります。また、これだけの項目を事前に用意するとなれば、等化計画、収支計画、そして、出題企画と関連づけて計画を練る必要があります。

5　テストの収支計画の立案

　テストの実施には、テストの規模が大きくなれば、それだけたくさんのお金がかかります。テストによっては受験料が見込める場合もあるでしょう。その場合は、収入も加味して費用の見通しを立てることになります。いずれにしてもいくらまでお金を使えるのか、この点は明確にしておくべきです。

> IRTの場合、従来のテストにはないコストを見込んでおく

必要があります。人材面においては、テスト測定についての知見をもった専門家を確保するコスト、さらに、テスト測定の知見をもった人材を育成するコストが必要です。ここで費用を惜しんで、生半可な知識で測定技術を使うと、取り返しのつかないような大事故が起きてしまうかもしれません。次に、IRT分析用の専用ソフトが必要です。現状では、手軽な価格で購入できる使いやすいIRT専用ソフトはないのではと思います。

　さらに、等化済み項目を再利用する場合、そのためのデータベース（項目プールやアイテムプールと呼ばれます）を開発し、管理・運用するコストが生じます。特に、テストを本格稼働させる前に等化済み項目を準備する場合には、それを実現するためのテストの開発費が発生します。また、CATを実施する場合は、相当数の等化済み項目が事前に必要となります。さらに、CATを実施するための設備にもコストが生じます。このように、従来のテスト開発よりも、IRTを使うテストの開発のほうが、はるかに大

きなコストが必要となると考えていただいて良いと思います。

6 テストの分析企画の立案
(1) 分析は2段階
　IRTを使う場合、原則として分析は2段階に分かれます。**第1段階では、実施したテストの1次元性を確認します。**そして、テストの1次元性が確認されたことをふまえて、**第2段階でIRTを使った分析をおこないます。第2段階では、項目パラメーターの推定、「学力θ」の推定、項目パラメーターの等化、「学力θ」の等化などをおこないます。**ただし、テストの実施目的や状況に応じて分析の内容を変える必要があります。

　たとえば、テストに出題した項目がすべて等化済みの場合は、第1段階の1次元性の確認は必ずしも必要ありません。また、未等化の項目を等化するためにテストを実施した場合、「学力θ」の推定や等化は必ずしも必要ありません。さらに、等化済み項目であっても、何度も再利用していたり、等化から年月がたっていたりする場合は、再等化をしてパラメーターの値をチェックするなどの定期的なメンテナンスをおこなう必要があります。

　なお、ここでは第1段階や第2段階という言い方をしましたが、これは本書での呼び方ですから、ご注意ください。

(2) 統計的な手法で分析
　テストを実施して得られた膨大な結果（受験者のテスト得点など）はそのままでは把握しにくいので、多くの場合、さまざまな統計的な手法で分析し、少しでもわかりやすい形にまとめることをします。どういう手法で、どういう形にまとめるのかは、それこそ、テストの目的によります。ただし、テストの実施目的が明確でないと、あれこれと分析した結果、膨大な数値や表やグラフに埋もれてしまうことになりかねません。せっかく統計的な手法でデータを集約しようとしたのに、逆にさまざまな統計分析の産物があふれかえるという事態に陥らないようにしないといけません。

　IRTを使う場合、従来のテストと統計的な分析の面で何か違いはあるで

しょうか。IRT を使う場合は、IRT の特長である「テストに出題する項目が違っていても、テストの得点を共通尺度上で表わすことで互いに比較できる」という点を活かして、個人や集団の学力伸長度や、目標に対する到達度を評価することなどが実現できるのです。

7 テストの活用計画の立案
(1) 教育の実践者と検討

　テストの結果をどのように活用するのか、事前にできるだけ具体的に計画を立てておく必要があります。そして、**具体的な活用方法の計画を立てるには、テストの実施目的を明確にしておくことが大前提**になります。従来のテストと IRT では、学力を測定する原理や方法は違いますが、ともに学力を測定していることに違いはありません。学力の実態を明らかにすることはテストの役目ですが、明らかになった学力実態をふまえて次に何をすべきなのか。これは、テストに関わる者ではなく、教育実践に関わる方たちの役目ではないかと思います。教育や学習の PDCA サイクルにおいて、テストの役割は C（Check）だと思います。そして、Plan や Do や Action を担う人たちに、事実としての Evidence を提供することが、テストの役割だと思います。この点は、IRT を使ったテストでも同じです。そして、テストの役割がここで述べた通りだとするならば、テストの活用計画にとどまらず、テストの実施目的などの重要な計画については、教育の実践者の方たちとテストに関わる者がともに検討すべきであると考えます。

(2) 評価基準作り

　テストの活用計画において、忘れてはならないことがあります。それは、テストを実施して得られた結果の「評価基準作り」です。評価基準がなければ、得られた結果を十分に活用できないと思います。
　なお、学力評価は、テストによる学力測定とは別の大きな研究領域を成していますので、ここではその詳細にはふれないでおきます。

8 テスト冊子の作成

　学力テストの主流は、まだ紙で実施するテストですから、ここではテスト冊子の作成としました。IRTを使う場合に従来のテスト冊子の作成と異なる点を挙げてみましょう。

　まずは、「局所独立の仮定」が保たれているように、テストに出題する項目を作成しなくてはなりません。そのためには、「出題企画の立案」の段階で、局所独立の仮定が保たれているようにしておきます。そして、項目の作成段階では、出題企画に忠実に項目を作成することが求められます。

　従来のテストでは、出題する項目は基本的にすべて新規に作成されます。

> IRTを使う場合は、テストに出題する項目をすべて新規作成するわけではありません。

たとえば新規に作成する項目を等化するために、テスト冊子に等化済みの項目を混ぜることがあります。あるいは、何らかの理由で等化できなかった項目に対して修正を施し、あらためて等化する目的でテスト冊子に混ぜることもあります。さらに、等化済みの項目だけをテストに出題する場合もあり、そのときは新たに項目を作る必要はなくなります。いずれにしても、出題企画に忠実にテスト冊子を作る必要があります。

> すべて等化済みの項目をテストに出題する場合、テスト情報量を求めることで、テストの実施目的にかなう測定精度が得られているかを確認することができます。

もしも、テストの実施目的にかなう測定精度が得られていない場合は、

> 項目プールに相当数の等化済み項目があれば、テストに出題する項目を選択し直すことができます。

これは、従来のテスト作成にはないIRT独自の作成方法です。

　なお、新規に項目を作成する工程は、従来のテストの場合と同じです。つまり、テストの出題企画に基づいて執筆者が問題の原稿を書き、編集者

がテストの出題企画通りの原稿になっているかを点検します。出題企画に沿っていることが確認できたら、条件不足や記載内容の誤り等の理由で問題が不成立になっていないかとか、出題範囲から逸脱した内容になっていないかとか、細かいところまで念入りに点検します。そして、点検途中でミスが見つかれば必要な加筆・修正を加えます。明確な根拠もなくいたずらに問題を修正したり、差し替えたりすることは、ミスの原因となりますし、そもそも、そのテストで何を測りたいのかがあいまいになってしまう危険性もあり、避けなくてはなりません。

テストに出題する項目が出そろったところで、採点基準を準備します。また、完成した項目の原稿をもとにテスト冊子作りへ進みます。この段階は、従来のテストもIRTも基本的には同じ工程となります。

9 テストの実施

IRTを使うからといって、テストの実施方法が大きく変わるとは考えにくいです。IRTよりも、コンピュータを使うテストの普及のほうが、影響が大きいのではないでしょうか。

まず、テストの申し込みがネットに変わることは容易に想像できます。テストの結果もネットでということがさらに進むでしょう。そうなると、ますます、個人情報の管理が徹底されなくてはなりません。

IRTを使ったコンピュータテストの場合、いつでも、どこでも、何度でも、という具合に受験の自由度が拡大するでしょう。しかし、どのような状況であれ、本人とは別の人が受験したり、試験中にカンニングをしたりなどの不正があってはいけません。また、CATが導入されると、受験者によって、試験時間や出題される項目が異なる場合があるということが許容されるでしょう。

採点方法もコンピュータを使えば大きく様変わりするでしょう。自動採点が進み、採点に関わる人為的なミスは大幅に減るかもしれません。また、採点結果をもとに得点化するまでの時間も大幅に短縮されるでしょう。

コンピュータを使うことで、これまでの紙によるテストでは不可能だっ

たことが現実のものになるかもしれません。テストで何を測りたいのか、構成概念がこれまでのテストと大きく変わる可能性があり、それによって、テスト実施の考え方も変わってしまうでしょう。たとえば、ネット上の膨大なデータから必要なものだけを取捨選択して、課題解決の考えをまとめる力を測りたい、というテストが出現したとします。そうなると、テスト中は自分の頭の中に蓄積した情報しか使えない、というルールが変わり、これまではカンニングとされていた行為がむしろ積極的に試されるということになります。また、複数の人と協力して一つの課題を解決する力を測りたいというテストでは、誰の助けも借りてはいけないというこれまでのテストの大原則も変わってしまいます。さらに、ヴァーチャルリアリティを使えば、テストという非日常の場を設定しなくとも、限りなく日常に近い状況においてテストができるようになるかもしれません。そして、どのような状況になろうとも、その状況に適したテストの測定理論が考え出され、その理論を活用した測定技術が生み出されていくのではないでしょうか。

10 テスト結果の分析
(1) 第0段階の分析

　テストの分析企画の立案において、「IRTを使う場合、原則として分析は2段階に分かれます。第1段階では、実施したテストの1次元性を確認します。そして、テストの1次元性が確認されたことをふまえて、第2段階でIRTを使った分析をおこないます。」と述べました。第2段階のIRTの分析は、第4章から第7章ですでに述べましたので、ここでは、第1段階の分析の中身を取り上げたいと思います。実は、第1段階の前に第0段階の分析もおこないます。それは、

> IRTを使わないテストでもおこなう分析で、平均値や標準偏差を算出し、得点分布を確認すること

です。第0段階で、平均値が低すぎるとか高すぎるとか、標準偏差が小さすぎて得点がばらついていないとか、何らかの好ましくない結果が出ていると、その後の第1段階の分析でも好ましくない結果が出やすいです。では、第1段階の分析の中身を見ていきましょう。

(2) IRTの第1段階の分析

　IRT分析にかける前に、IRTを使う条件である1次元性が保たれているかを確認します。テストの1次元性が保たれているとは、一つのテストに出題している項目がすべて同じ学力を問うている（テストの等質性とも言います）ことと言えます。仮に1次元性が保たれているとしても、テストに出題した項目の中に1次元性に悪い影響を及ぼしているものがないかを調べます。悪い影響を及ぼしている項目は除外したうえで、IRT分析にかけます。せっかく作った問題なのに、受験者が一生懸命考えた問題なのに、分析の結果によってはIRT分析から除外されてしまうこともあるのです。

　第1段階の分析は、スクリー・テスト、信頼性係数の推定、項目分析（正答率、点双列相関係数、G-P分析）です。順番に分析の内容を見ていきましょう。

(3) スクリー・テスト

　テストの1次元性を確認するために、**因子分析において因子数を決めるスクリー・テストの手法**を使います。因子分析とは、心理学や社会学などで使われる分析法で、多数の項目間の関係からその背後に仮定できる潜在的な特性（因子）を見出すための統計的な手法のことです。この手法をテストに当てはめると、**テストに出題した多数の項目の関係から、そのテストで問うている学力が一つだけ見出されれば、1次元性が保たれていると**言えます。テストの作成段階では、1次元性が保たれるように、すべての項目が同じ学力を問うているように作成した。そして、実際にテストを実施してみて、本当に1次元性が保たれているのかを確認するために、スク

リー・テストをおこなうというわけです。

IRTの専門書には、スクリー・テストについて次のように説明されています。

1次元性を確認するには、テストに含まれる項目の項目間相関行列を因子分析し、スクリー・テストの結果、因子数が1になればよい。スクリー・テストとは、項目間相関行列（厳密には主対角要素を共通性の推定値で置き換えたもの）の固有値を大きいものから順にプロットしたときに急激に値が小さくなる直前までの固有値の個数をもって因子数とする方法で、1因子性が高い場合には第1固有値のみが際立って大きくなる。（『組織・心理テスティングの科学』p.45）

なお、上記において、「固有値を大きいものから順にプロットした」ものを、「スクリープロット」と呼びます。

いくつかの専門用語が登場しますが、上記の説明から、1次元性をスクリー・テストで確認するには、次の2点が重要であると言えます。

> ・1次元性を確認するには、スクリー・テストの結果、因子数が1になれば良い。
> ・スクリー・テストにおいて、1因子性が高い（＝因子数が1である可能性が高い）場合には第1固有値のみが際立って大きくなる。

ここで具体例を挙げてみましょう。図34は、高校生を対象とした英語のテストを分析して得られたスクリー・テストの結果です。

図34を見ると、第1因子の固有値（＝第1固有値）はおよそ17ですが、第2因子の固有値は1.5程度で、第1因子から第2因子にかけて固有値が急激に小さくなっています。このように、第1固有値のみが際立って大きくなっているので1因子性が高く、よってこのことから、このテストは1次元性が保たれていると判断します。本来ならば固有値等についてもふれるべきですが、本書では1次元性の確認方法にとどめたいと思います。

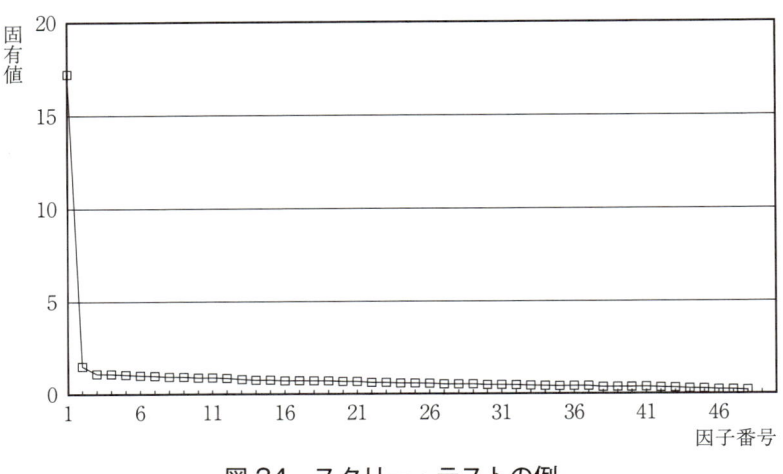

図34　スクリー・テストの例

（4）　信頼性係数の推定

　テストの等質性を表わす指標に信頼性係数があります。信頼性係数の推定値にはいくつかの種類がありますが、クロンバックのα係数（単に、α係数とも呼ばれます）が使われることが多いようです。α係数の最大値は1.0で、0.8以上あれば信頼性が高く、0.7未満の場合は信頼性が低いと評価されます。ただし、出題する項目数が多いと高い値が出やすいという傾向がありますので、ここで述べた基準が絶対的なものというわけではありません。

　ここで一つ注意していただきたいことがあります。それは、何を測りたいのか明確ではないままにテストを作っても、高い信頼性係数の値が得られることがあるということです。つまり、テストの等質性は高いが、そのテストが測っている学力は不明というわけです。

　どういうことかお話します。あるお客様からの依頼で、テストを作成することになったのですが、テストの実施目的が定まらないため、いつまでたっても問題で何を問うのかはっきりしない。「もう間に合いません」と申し出ると、「とにかくよくある問題で良いから頼むよ。もう、丸投げするからさ」とお客様も弱り顔。仕方なく、教科書や市販されている問題集などを

調べて、「これならよくある問題といっても大丈夫だろう」と思える問題を作成してテスト冊子にしました。テストを実施してみると、平均点も得点分布もお客様のお気に召す結果となり、α係数の値も問題ない。「さすがだね」と褒められました。しかし、「よくある問題って、一体、このテストは何を測っているのでしょうか」と申し上げても、「まあ、いいから、いいから」。それでも、「よくある問題で測っているものは何なのか、私たちにもよくわかりません」と食い下がると、「そんなこと言っても君たちが作った問題だよ」と少し語気が荒くなりましたので、これ以上はやめておきました。しかし、担当者が自分の判断で「よくある問題」と判断した問題を集めてテストを実施したら、たまたま、結果は悪くなかったまでのこと。しかし、ハピラルとしては、結果オーライ、とはいきません。このテストでは、出題した個々の項目がどれも同じ学力を測っているとは言えるけれども、その測っている学力が何なのかは、よくわからない。テストの等質性は保たれているとしても、何が等質なのかはわからない。これはとても気持ちの悪い結果でした。このテストが、この先はどうなったかは申し上げられませんが、これからは、こういう仕事には慎重に対応しよう、というのがハピラルの結論です。

(5) 項目分析

1次元性の確認と信頼性係数はテスト全体に対してのものです。それに対して、**項目分析とは、テストに出題した個々の項目について分析するもの**です。ここでは、正答率、点双列相関係数、G-P分析を取り上げます。なお、点双列相関係数の結果から、テストの1次元性に悪い影響を及ぼしていると考えられる項目は除外して、次の第2段階の分析をおこないますので、慎重に結果を吟味しなくてはなりません。

項目の作成者や編集者は、テストの出題企画に沿った良い問題を作ろうとして懸命に取り組みます。しかし、テストを実施して、その結果を分析してみると、意に反して不適切との結果が出ることは珍しいことではありません。**不適切となった項目は、悪い見本として捉え、今後の項目作成の**

戒めとして活用するべきです。では、順に項目分析の内容を見てみましょう。

(6) 正答率（通過率）

　項目の難しさを表わす指標と言えます。しかし、その項目を受験した受験者集団の学力による影響を受けますので、結果を解釈する場合は注意しなくてはなりません。正答率は、高すぎても低すぎても、次に述べる点双列相関係数の値が低くなる傾向があります。これまでの経験からすると、正答率が 0.95 を超えたり（受験者にとって易しすぎる）、0.10 未満であったりする項目（受験者にとって難しすぎる）は、基本的に不適切だと捉えています。

　なお、p.39 にある正答率はテスト得点の一つで、正答数得点をテストに出題した項目数で割って求めます。一方、ここで取り上げている正答率は項目の困難度を表わす指標で、正答者数を全受験者数で割って求めます。いずれも、正答率と呼びますが、意味が違いますのでご注意ください。

(7) 点双列相関係数

　ある項目の正・誤とテストの合計得点との相関を数値で表わしたものを、その項目の点双列相関係数と言います。点双列相関係数は、個々の項目がどの程度学力を見分ける（＝識別する）ことができるかを表わす指標です。

　図35 は、ある項目に正答した人と誤答した人の合計得点の分布を表わしたイメージ図です。分布のイメージ図は、幅の広さが度数を表わしていると見てください。

　図35 その1 では、項目の正答者の合計得点は、誤答者よりも高いほうに偏っています。この項目の正・誤は、合計得点と関連があり、このテストで測ろうとしている学力を識別するうえで有効にはたらいていると言えます。一方、その2 では、正答者と誤答者の合計得点の分布に差が見られません。この項目の正・誤は、合計得点と関連がほとんどないと言えます。その3 では、合計得点の分布が、正答者のほうが誤答者よりも低いほうに

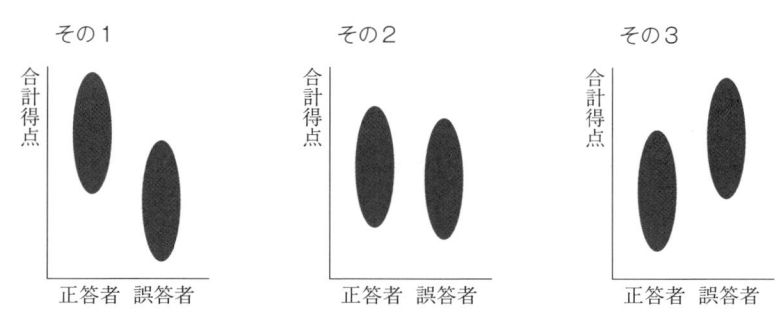

第8章　IRTを使ったテストの開発と実施　151

図35　項目の正誤と合計得点の関係

偏っており、正答した人のほうが誤答した人よりも合計得点が低い傾向にあります。

　点双列相関係数は、0.2を上回ることが必要とされています。**その2**は点双列相関係数はほぼ0、**その3**は負の値になります。点双列相関係数の基準を満たさない項目はテストの1次元性に悪い影響を及ぼすとして除外し、あらためて点双列相関係数を計算します。そして、最終的に点双列相関係数の基準を満たす項目だけを残し、1次元性も確認したうえで、IRTの分析をおこなうのです。

　なお、点双列相関係数の基準として0.2を取り上げましたが、これは絶対的なものではありません。テストによっては、0.15くらいに基準を下げないと、除外される項目が多すぎてテストの運用上支障が生じる場合があります。一方、テストによっては、点双列相関係数の基準として0.2を採用しますが、できるだけ多くの項目が0.4を超えることを目指す場合もあります。

　IRTを使わないテストの場合、受験者に0点を取らせない目的で、全員が正答できるような極めて易しい問題を1、2題出題することは珍しいことではないと思います。しかし、ほぼ全員が正答できて、しかも点双列相関係数が0.2を上回るような項目を作成することは、決して容易ではありません。これまでの経験からすると、そのような項目の多くは点双列相関係数が極めて低くなり、IRTで分析する前に除外されてしまいます。

第1章でIRTへの疑問として「⑧得点に反映されない問題が出題される」を取り上げました。得点に反映されない理由は、そのテストの実施者にしかわかりませんが、こういうことだろうと推測することはできます。たとえば、新規に作成した項目をテストに出題したところ、項目分析において点双列相関係数が低いなどの理由で除外されてしまった。あるいは、項目分析の基準は満たしても、IRT分析で項目パラメーターの値が基準を満たさないという理由で除外されてしまった。また、項目分析やパラメーター推定では基準を満たしていても、得点の算出に時間的に間に合わない。

　せっかく生徒が解いて正答したのに得点に反映されないとは、こういうことだろうと思います。上記3点のうち最初の二つを解決するには、IRT分析から除外されるような不適切な項目を出題しないことです。そして、これを完全に実行するには、

> 事前にテストを実施して不適切な項目を除いておくこと

です。ただし、日本においては事前実施はなかなか難しいように思います。

(8)　G-P分析（Good-Poor analysis）

　G-P分析は、多枝選択式の項目分析によく使われます。テストの総合点によって受験者をいくつかの集団に分け、それぞれの集団が各選択枝をどのように選択したのか、選択枝の選択率を計算して、グラフに表わしたものです。

> G-P分析の結果は、点双列相関係数の値と関連があり、各選択枝が受験者の学力を識別するうえで有効にはたらいていたのかを探るうえで、役に立つ情報を得ることができます。

そして、得られた情報の多くは、その後の問題作成において有益な知見とすることができます。

　具体的な分析例を見てみましょう。図36（その1とその2）、図37（その1とその2）、そして、図38（その1とその2）は、いずれも約

3,000人が受験した英語のテストの分析結果です。受験者の正答数得点によって上位群（Lv5）、中上位群（Lv4）、中位群（Lv3）、中下位群（Lv2）、下位群（Lv1）の5群に分けて、G-P分析をおこないました。

なお、**図36**はうまくいった例、**図37**はうまくいかなかった例です。そして、**図38**は、皆さんに注意を促すために取り上げた例です。**図36～図38**で例に挙げたテストでは、点双列相関係数の基準は0.20以上としています。

(9) G-P分析1 ～ うまくいった例

図36のその1の項目も**その2**の項目も、点双列相関係数が0.45を超えています。また、いずれの項目も、正答の選択枝（**その1**は選択枝〈3〉、**その2**は選択枝〈1〉）は、Lv1からLv5へと上位の成績群になるほど選択率が高くなっており、学力が高いか低いかの違いを明確に識別していることがわかります。次に、誤答の選択枝について見てみます。**その1**の項目は、選択枝の〈1〉と〈4〉はLv1からLv5にかけて右下がりとなっており、誤答選択枝として十分に機能していると言えます。ところが、選択枝の〈2〉は、Lv1の受験者でも選択率が低く、誤りであることが比較的簡単に受験者にわかってしまったようです。一方、**その2**の項目は、いずれの誤答選択枝も右下がりのグラフになっており十分に機能していたと言えます。

その1の項目も**その2**の項目も、一般的に見て、正答率と点双列相関係数は申し分のない値を示していると言えます。ただし、**その1**の項目の選択枝〈2〉が少々気になります。なぜ、多くの受験者から顧みられなかったのかを検討し、今後の項目作成に活かすべきだと思います。

(10) G-P分析2 ～ うまくいかなかった例

図37のその1の項目は、提示された語句を並べ替えて英文を完成させる問題で、特定の場所にくる語句（たとえば、3番目と5番目にくる語句）を答えるものです。この形式の問題は、点双列相関係数は高めに出る傾向があるのですが、基準となる0.20をわずかに下回ってしまいました。残念

その1（多枝選択式）

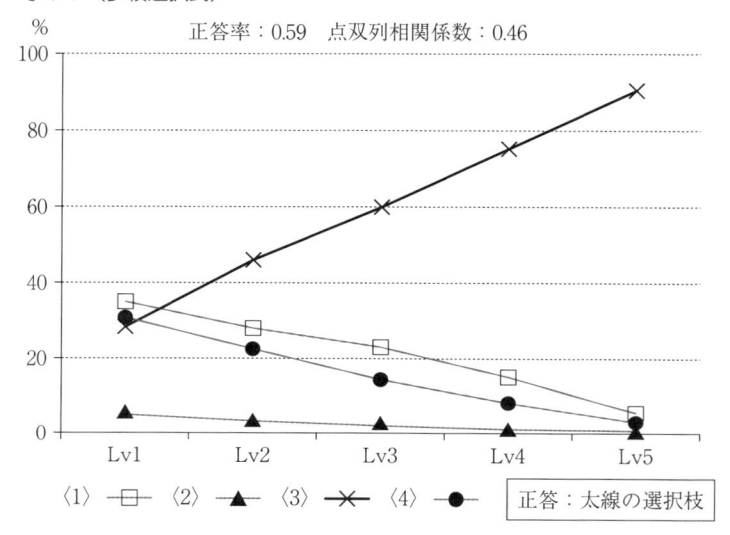

正答率：0.59　点双列相関係数：0.46

その2（多枝選択式）

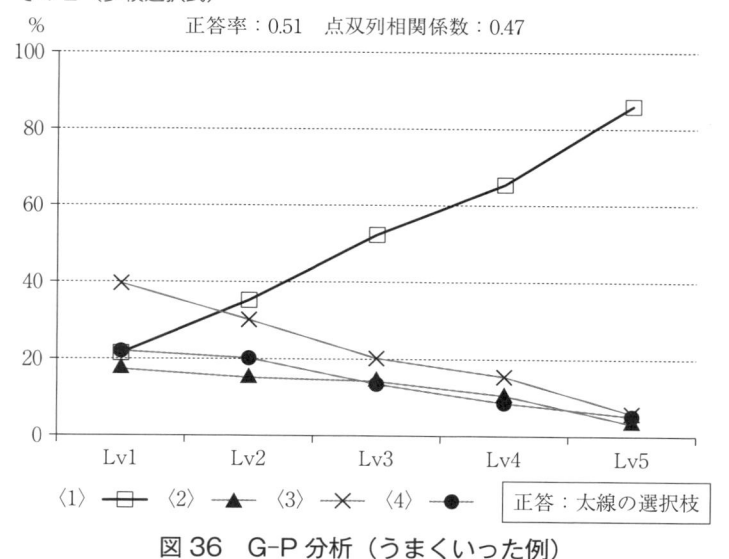

正答率：0.51　点双列相関係数：0.47

図36　G-P分析（うまくいった例）

第8章 IRTを使ったテストの開発と実施 155

その1（組合せ式）
正答率：0.85　点双列相関係数：0.19

⟨1⟩：誤答　⟨2⟩：正答

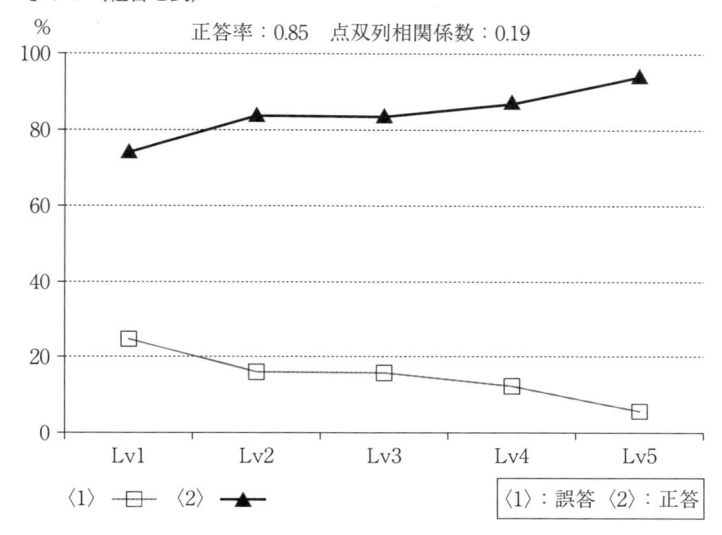

その2（多枝選択式）
正答率：0.14　点双列相関係数：0.04

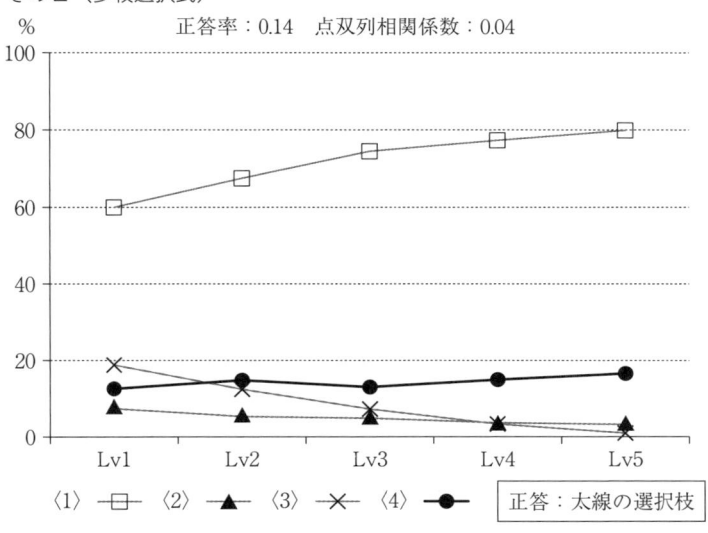

正答：太線の選択枝

図37　G-P分析（うまくいかなかった例）

ですが、IRT 分析からは除外されます。ここで大切なことは、ポイッとこの項目を捨ててしまうのではなく、なぜ、点双列相関係数が基準を下回ったのか（＝なぜ、学力を十分に識別できなかったのか）を、入念に検討することです。そして、もし、原因を見出すことができたら、問題の内容を修正して、別な機会に新規作成項目として出題してみるのです。

　一方、**その 2** の項目は、失敗作と言わざるをえません。正答の選択枝〈4〉は、Lv1 から Lv5 のすべての成績群において、ほぼ同じ程度の選択率となっており、学力を識別することがほとんどできていません。さらに、誤答選択枝〈1〉が、正答選択枝のような右上がりのグラフとなっています。**その 1** の項目は作り直して再利用の可能性があると言いましたが、**その 2** の項目の作り直しはおそらく無理ではないでしょうか。ただし、失敗の原因探しは十分におこなうべきです。本当の原因はわかりませんが、推測される可能性をできるだけ多く取り上げることが、問題作りの有効な知見の蓄積につながります。

(11)　G–P 分析 3 〜 注意喚起の例

　図 38 の**その 1** の項目も**その 2** の項目も、正答率はほぼ同じですが、点双列相関係数の値が大きく違います。つまり、難しさはほぼ同じですが、**その 2** の項目のほうが**その 1** の項目よりも学力を識別できたというわけです。この点は、正答率だけ見ていてもわかりません。そして、これまで実施しているテストでは、多くの場合、正答率（＝難しさ）だけを気にしており、どの程度学力を識別できているのかについては、あまり注目してきませんでした。ちなみに、**その 1** の項目では、すべての誤答選択枝がほぼ水平なグラフとなっており、誤答としての機能も十分ではなかったと言えます。一方、**その 2** の項目は、誤答選択枝〈3〉がおかしな形のグラフになっています。どうしてこういうグラフの形になったのかを検討する必要があります。

第 8 章 IRT を使ったテストの開発と実施　157

その 1（多枝選択式）
　　%　　　　　　正答率：0.34　　点双列相関係数：0.26

〈1〉─□─　〈2〉─▲─　〈3〉─✕─　〈4〉─●─　正答：太線の選択枝

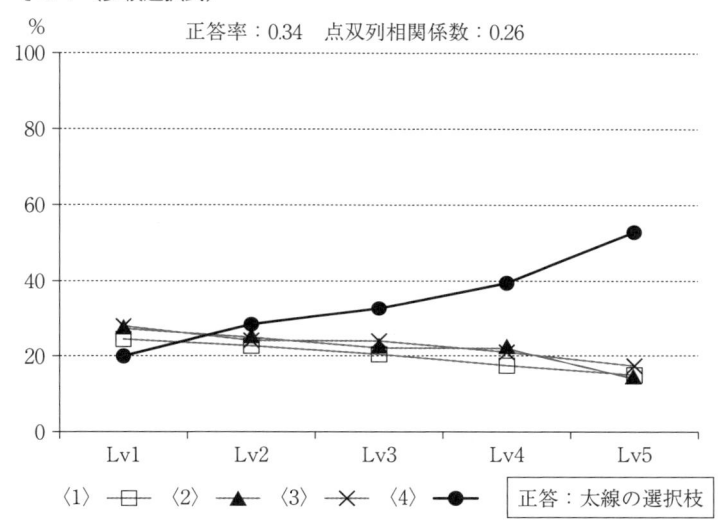

その 2（多枝選択式）
　　%　　　　　　正答率：0.34　　点双列相関係数：0.45

〈1〉─□─　〈2〉─▲─　〈3〉─✕─　〈4〉─●─　正答：太線の選択枝

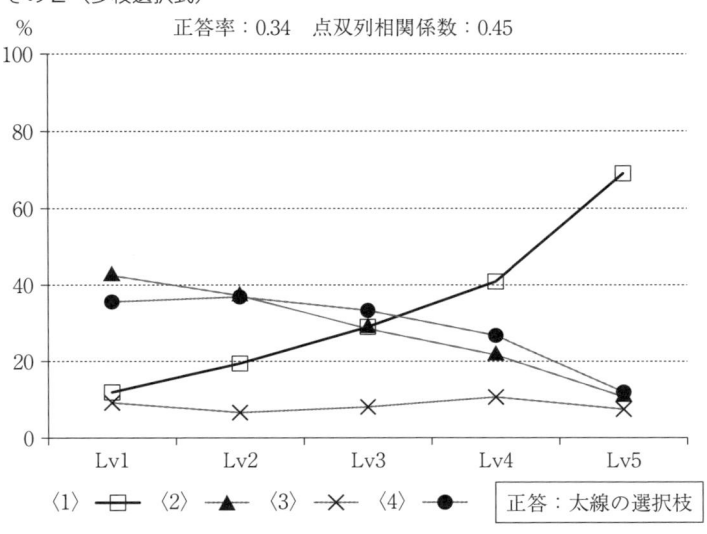

図 38　G-P 分析（注意喚起の例）

ここまでが、IRT 分析にかける前の第 1 段階の分析内容です。第 1 段階の分析で確認したいことはテストの 1 次元性です。そして、テストの 1 次元性に悪い影響を及ぼしている可能性のある項目は除外します。その判断基準に使うのは、点双列相関係数です。G-P 分析は、点双列相関係数の結果が生じる背景を探るうえで有効な情報を与えてくれます。

　IRT 分析にかける前の第 1 段階の分析は、IRT を使わないテストであってもおこなうべきです。ハピラルでは、IRT を使わないテストであっても、テスト結果を入手することが可能な場合には、ここで述べた分析（1 次元性の確認、正答率や点双列相関係数の算出、G-P 分析など）をおこなうようにしています。そして、自分たちが作成したテストを振り返り、そこから、その後の項目作成に有益な知見を得るようにしています。実は、ごく稀にではありますが、正答率が 0.10 未満といった極めて低い値となったり、点双列相関係数の値がマイナスとなったりする項目がないわけではありません。こういう場合は、受験者の皆さん方に本当に申し訳ないという気持ちになります。なぜなら、多くの受験者の方に、本来ならば感じる必要のないストレスを与えてしまったのではと思うからです。

(12) IRT の第 2 段階の分析

　局所独立の仮定が成り立っていること、1 次元性が保たれていることの二つの条件を満たしたテスト結果に対して、IRT の分析をおこないます。IRT の分析については、第 4 章から第 7 章で述べた通りです。

　第 2 段階の分析においても、たとえば、2 パラメーター・ロジスティック・モデルの場合、識別力と困難度の基準を満たさない項目は不適切と判断することがあります。これは一つの考え方の例ですが、項目の困難度は、−3.0 から +3.0 の範囲にあることを妥当とし、識別力は、0.3 から 2.0 程度を妥当とします。しかし、これは絶対的な基準ではありません。テストによっては、この基準に沿っていては運用が成り立たないこともありえますし、テストの実施目的によっては、適切とみなす困難度の範囲を狭くし、識別力の基準ももっと厳しくすることもありえます。繰り返しますが、

テストの実施目的やさまざまな条件等も十分に加味して識別力や困難度の基準を決めるべきです。なお、

> 一度基準を決めてテストの運用を始めたら、頻繁に基準を変えてはいけません。

個人の考えで、「この項目は基準を満たしていないけれども、良い問題だと思うから、例外として除外しないでおこう」というのは厳禁です。項目パラメーターの値の基準を満たさない項目は、例外なく除外することが大原則です。基準に満たない項目は除外したうえで、項目の等化をおこなったり、受験者の「学力 θ」を推定したりするのです。

11 テストの評価基準の作成

p.80 で IRT の説明をするときに受ける質問として、「学力を -3.0 から 3.0 の範囲で測ることはわかったとして、では、-1.0 とか、2.0 とかの、測定された数値は何を意味するのか」を取り上げました。そして、それに対する答えは、「『ものさし』を作ることとは別の方法で測定値に意味づけをしなくてはなりません」としました。**テストの測定値の意味づけとは、テストの評価基準（または、解釈基準）**といっても良いでしょう。テストの評価基準は、テストの実施目的や活用計画と深く関係しますので、一般的にこのようにして作成します、とは申し上げられないところがあります。別の機会があれば詳しく検討したいと思います。

IRT を使った新たなテストを開発する場合、これまでにないテスト得点を世に提案することになります。そのため、

> 得られた得点が何を意味するのか、テストを使う人たちに合点がいくように明快なものにしておく必要があります。

そうしておかないと、誰もそのテストを使ってくれないでしょう。そのくらい重要なものだと、私は認識しています。

12 テスト結果の活用

　テストを実施して何らかの情報を手に入れたとしても、それを有効に活用しないと、「テストのやりっぱなし」になってしまいます。テストは、問題を作るよりも、試験を実施するよりも、採点するよりも、分析するよりも、何よりも**テスト結果を活用する**ことが**最も難しい**と思います。テストの結果が出ると、そこに何らかの課題が見出されます。課題が見出されれば、その解決のために何らかの行動を起こさなくてはなりません。何らかの行動を起こして、変化を生じさせなくてはなりません。変化を起こすことは往々にして苦しいものです。だから、テストの結果が何らかの警告を静かに発していても、このままではいけないとわかっていても、その解決になかなか乗り出せないということがあるのではないでしょうか。少し大げさな言い方ですが、変える勇気をもって、テストの結果を活用する必要があるのです。

第9章 項目プールの開発

1 項目プール（アイテムプール）

　IRTの専門書には、「項目内容とともに、項目分析の結果得られた各項目の特徴を表わす統計量の値やG-P分析の結果が既知である項目が多数貯えられているとき、これらの項目のまとまりを『項目プール（item pool）』と呼ぶ。」（『組織・心理テスティングの科学』p.63）とあります。

> IRTでは、等化済みの項目を再利用しますから、項目プールとはそのためのデータベースだと言えます。また、等化済みの項目だけではなく、将来、等化する予定の項目を蓄積しておいても良いと思います。

　項目プールには、できるだけ多数の、できるだけ多様な項目が蓄積されていることが望ましいと言えます。項目が多種多様であれば、テストの実施者が、実施したいテストの目的にかなう項目を選びやすくなり、テスト作成のコストを下げることにもつながります。また、テスト実施前にテスト情報量を算出することで、想定される受験者に適したテストになってい

るのかも確認することができます。もしも、必要なテスト情報量を満たしていない場合、項目プールに十分な数の項目が蓄積されていれば自由に項目を差し替えることができます。

　このように、IRTを使ったテストでは、項目プールの果たす役割は非常に重要です。貧弱な項目プールでは実施するテストも貧弱なものになります。実施するテストを強力なものにするには、項目プールも強力なものにしなくてはなりません。では、どうやって強力な項目プールを構築できるのでしょうか。一つは、

> 実施済みの未等化の項目を一気に等化する方法

です。たとえば、長年にわたって、実施済みの膨大な数の項目が、テスト結果のデータとともに蓄えられている場合、過去のデータを厳密に調査・検討して、できるだけ合理的で効果的な等化計画を立て、短期間に巨大な項目プールを作り上げるのです。そして、巨大な項目プールをもとに、IRTを使ったテスト実施が可能となります。

　もし十分な数の実施済み項目が期待できない場合は、一気に巨大な項目プールを作り上げることはできません。そこで、まず、IRTを使ったテスト実施のために必要な、最小限の項目プールを作ります。作る際は、実施済み項目の数や、新規に項目を作成する体制、等化のためのテスト実施の可能性などを検討し、等化計画を立てて実行するのです。

> 最小限必要な数の項目プールができあがれば、IRTを使ったテストを実施しながら、新たな等化済みの項目を少しずつ項目プールに蓄積していきます。

その際、p.19のIRTへの疑問で取り上げた「得点に反映されない問題が出題される」ことになります。しかし、国内で実施される国産のテストの場合、「得点に反映されない問題が出題されるテスト」は認められない可能性があります。そうすると、別途、テストを実施して等化済みの項目を蓄えていくしかありません。どうか、「そんなことは無理だね」と簡単にあき

らめないでください。この後、第10章で皆さんとともに打開策を考えたいと思っています。その前に、どのような体制のもとで、「項目プールを開発」すれば良いのかを次に取り上げてみたいと思います。

2 項目プール開発に必要な役割と体制 1

項目プールの開発にはどういう役割の人たちが必要なのでしょうか。私は以下のように考えます。

> 項目の作成者（執筆者）（item writer）
> 項目の編集者（editor）
> テスト結果の分析者（psychometrician）
> 項目プールの管理者（administrator）

なお、項目プールはコンピュータを用いた大がかりなシステムを使うことが想定されますので、上記以外に情報処理の専門家も必要となりますが、ここでは省略します。

では、それぞれの役割を担う人は何をするのでしょうか。私は以下の通りに考えています。

項目の作成者（執筆者）（以下、作成者）

編集者から依頼された通りに、一から項目の原稿を作り上げます。具体的な文字や記号などを使って目に見える問題に作り上げるわけですから、言うなれば、無から有を生み出す役割です。あるいは、質の高い項目は、簡単には手に入らない宝石だとするならば、地中深くに眠っている原石を探し出す仕事とも言えます。項目プール作りの具体的な最初の一歩を担う人たちだと言えます。

問題の編集者（以下、編集者）

作成者が掘り出した原石は、そのままではテストに出題することはできません。あれこれと磨きをかけなくてはなりません。その役割を担うのが

編集者だと言えます。また、作成者や、次に述べる分析者や管理者との間に入って、事がうまく進むように調整役も引き受けます。その意味で、項目プールが効率的に機能するための潤滑油の役割を担います。そのため、編集者がいないことには項目プールは機能しませんが、編集者は何をやっているのか見えにくいかもしれません。

テスト結果の分析者（以下、分析者）

作成者が探し当てた原石に編集者が磨きをかけ、宝石に仕立てます。その宝石の質がどの程度なのか、客観的な手法で見極めるのが分析者です。分析者に求められるのは、IRTを含むテスト測定に関する知見と技術です。しかし、単なる測定屋さんでは困ります。テストの実施における大きな役割の一つを担うわけですから、測定だけでなく教育に対する興味のある人でなくてはなりません。

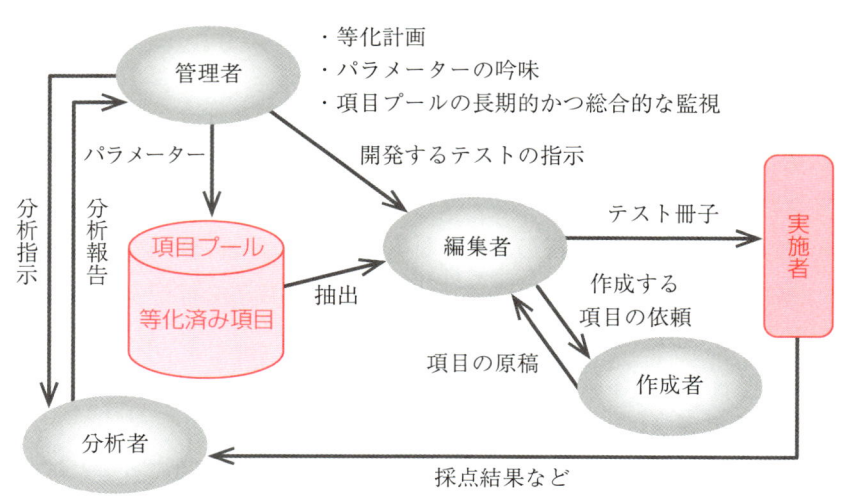

図39　項目プールの開発体制

項目プールの管理者（以下、管理者）

　作成者、編集者、分析者を取りまとめる人です。取りまとめると言っても、業務管理や労務管理が仕事ではありません。教育全般に関する見識とテストの測定理論についての幅広い知見をもって、作成者、編集者、分析者といった技術者集団を束ねていかなくてはなりません。その意味で、ここでは管理者としましたが、別な表現、たとえば、職人の親方のほうが私にはピッタリきます。

　上記の四者の役割がもう少し明確になるように、図39にまとめてみました。それぞれの役割について、互いの関係も含めてもう少し詳しく取り上げてみましょう。また、「テスト」と「テスト冊子」を使い分けていますのでご注意ください。学校の入学試験や定期試験などのことは、「テスト」。一方、入学試験や定期試験などで、受験者に配布される問題が掲載された冊子のことを、「テスト冊子」としています。項目プールは、紙のテストだけではなくコンピュータによるテストでも活用されますが、ここでは話が簡単になるように、紙のテストに限定します。

3　項目プール開発に必要な役割と体制２

　第8章を確認しながら、図39を見てみましょう。管理者は「テストの等化計画の立案」に関わります。等化計画は、テストの実施目的をふまえて立案されますので、「テストの実施目的の明確化」の段階から関わることもありえます。何といっても、専門的な知見を有する技術者集団の親方ですから、責任と権限は重くて絶大です。

　管理者は、編集者に「開発するテストの指示」をおこないます。編集者は、テストの実施目的を実現するには、どのようなテスト冊子にすれば良いのか、「テストの出題企画」を立案します。

　編集者はテストの出題企画に沿って、執筆要項を作成し、それをもとに作成者に「項目の原稿作成を依頼」します。項目は新規に作成する場合が主ですが、ときには、等化できなかった項目を修正する場合もあります。

いずれにしても、作成者は無から有を生み出すわけですから、執筆要項のでき具合が鍵になります。

作成者から提出された原稿を、編集者が出題企画の通りになっているか点検します。そして、必要があれば修正を加えて新規項目に仕上げます。テストの出題企画によっては項目プールから「等化済み項目を抽出」し、新規項目と合わせて「テスト冊子」に仕上げます。

テストの実施者によって、受験者がテストを受験します。採点結果などの分析に必要な情報が分析者のもとに送られます。分析者は、管理者の指示を受けて、事前の計画に沿って「分析」をおこないます。分析結果は管理者に送られます。管理者は結果を吟味し、基準を満たす項目を分析結果とともに項目プールに蓄積することを指示します。

それぞれの役割を担うには、どういう人がふさわしいのでしょうか。役割とともに列挙してみましょう。なお、ここでは教科学力を測るテストのための項目プールを想定しています。

管理者
・IRTや教育全般に関する一定の知識を有し、開発するテストとそれに必要な項目プールの構築・維持管理をおこなう者。
・テスト（項目プール）全体の開発と等化計画を立案し、実行する。
・項目プールに格納された情報を長期的に監視し、項目パラメーターの再推定などのメンテナンスを計画する。
・等化計画に基づき、分析者に項目の分析を指示する。
・分析結果から項目プールに格納すべき項目を決定し、不適となった項目について、修正方針を編集者に示す。
・技術者集団のトップとして方針を立て推進していく、企画力・判断力のある人物が望ましい。

編集者
- IRTと教科・教育に関して一定の知識を有し、かつ、項目やテスト冊子の編集に必要な技術と感性をもつ者。
- 管理者が立案した等化計画に則り、テスト冊子の開発に関する計画を立て、実行する。
- 等化計画に基づき、作成者に必要な項目の作成を依頼する。
- 等化計画に基づき、項目プールから必要な項目を抽出する。
- 具体物の開発実務に長け、管理者や作成者と連携をとりながら開発を進める調整力のある人物が望ましい。

作成者
- 教科・科目の内容に精通している者。
- 出題内容、難度、数量等すべて、編集者の依頼通りに項目を作成する。
- 分析者によって不適と判断された項目を、編集者の依頼に従い修正する。
- 教科の専門家として、編集者に助言をしたり編集者から相談を受けたりする。
- 編集者の依頼や意見を聞き、他(教科)の作成者と協力しながら、項目の作成や修正に柔軟に対応できる人物が望ましい。

分析者
- 古典的テスト理論や現代テスト理論(=「IRT」)に関して専門的な知識と技能を持つ者。
- テスト結果をもとに項目パラメーターの等化と「学力 θ」の等化をおこなう。
- 教科に関する知識とテストの分析結果を統合して、的確な分析報告を管理者におこなう。
- 常に新しい研究情報を収集し、項目プールの機能向上に努める。
- 専門領域に閉じこもることなく、教育全体に興味を持っている人物が望ましい。

表18 役割に求められる技術、知見、資質

役割	技術 分析	技術 編集	技術 作問	知見 測定理論	知見 教科知識	知見 教育情勢	知見 他	資質 共通	資質 個別
管理者	○	△	△	○	○	◎	教育に関する総合的な知見	コミュニケーション力 / 適度な柔軟性	・判断力 ・計画性
編集者	○	◎	△	△	○	○		〃	・バランス感覚 ・調整力
作成者	―	○	◎	△	◎	○		〃	・協調性 ・教科内容への考察力
分析者	◎	―	―	◎	△	○		〃	・探究心 ・現実感覚

補足：記号は、技術や知見のそれぞれにおいて、各役割にどの程度求められるかの目安。
　　　◎ 強く求められる　　○ 求められる
　　　△ 最低限求められる　― なくても良い

　さらに、編集者、作成者、分析者、そして、管理者に求められる技術や知見、そして、必要な資質について、私の考えを**表18**にまとめました。

　繰り返しになりますが、編集者、作成者、分析者、そして、管理者はいずれも技術者です。分析技術は分析者に、編集技術は編集者に、そして、作問技術は作成者に重点的に求められます。また、重点的に求められる知見として、測定理論は分析者に、教科知識は作成者に、そして、教育に関する総合的な知見が管理者に求められます。そして、これが最も重要なことだと思いますが、

テストは互いの技術や知見を持ち寄って開発していくものですから、コミュニケーション力と適度な柔軟性は役割に共通して求められる重要な資質

です。

このように、項目プールを構築するには、いくつかの役割を担う専門的な技術を持った人材が互いに協力する体制が不可欠です。では、ここで取り上げた人材が、一体、何人必要なのでしょうか。これは、作り上げる項目プールの大きさやスケジュールにもよりますが、規模や工期が同じと考えられる従来のテスト開発よりも、より多くの、そして、より多様な人材が必要となることは確かです。

第10章
良質な問題は国の宝だ

　ここまでお読みいただいた皆さんには、IRTのメリットは、おわかりいただけたと思います。しかし、一方で、「IRTを使ったテストを実現することは、決して簡単ではない」とお感じになられていると思います。この章では、どうすればIRTを使ったテストを実現できるのか、皆さんと考えてみたいと思います。

1 IRTを使ったテストの実施状況

　IRTは、大学入試センター試験に替わる「新たなテスト」の検討場面に登場し、今とても注目されています。欧米諸国ではIRTは当たり前に使われる測定技術ですが、国内ではようやく定着しつつある状況だと言えます。「新たなテスト」にIRTが使われるかもしれないということが影響して、大学入試以外のテストにもIRTが波及するものと思われます。たとえば、大学入試センター試験に替わる「新たなテスト」がIRT対応であるなら、入試対策の模擬試験もIRT対応となることは必須でしょう。

また、異なる問題からなる試験の結果を比較できるという特長を活かして、学年進行にともなう学力伸長の確認にIRTが使われる可能性は大きいと言えます。そうすると、文部科学省によって実施されている「全国学力・学習状況調査」にIRTが使われるようになるかもしれません。その影響で、全国の自治体で独自に実施されている学力調査にもIRTが使われるようになるでしょう。ちなみに、関東のある自治体では、小中学生対象の学力調査にIRTを導入されているところがあると聞いています。

2　IRTを使ったテストの実現に向けて

　IRTは一部の研究者の知るところであったものが、一気に国民周知のものとなりました。「ようし、わが社もIRT対応のテストを開発しよう！」という動きが出てくるかもしれません。しかし、ここまで読み進めてこられた皆さんはおわかりかと思います。**IRTを使ったテストの開発には膨大な時間、人手、費用がかかります。** テストの対象を限定した場合はまだしも、複数教科について複数学年を対象とした幅広い学力レベルに対応するためには、「相応の項目プール」が必要となります。しかし、巨大な項目プールを一民間事業体だけで開発するのは、大きな困難がともなうと言えます。

(1) 項目作成

　まず、作成する項目の数が膨大なものになります。p.139で試算したように、CATを使わない場合でも3教科の3学年分で約4,050題が必要です。ただし、点双列相関係数や項目パラメーターの値が基準を満たさない項目はIRT分析の対象から除外されてしまいます。テストに出題した項目のうち1割程度は除外されるとすると、4,050題の等化済み項目を手に入れるためには、約4,500項目作成しなくてはなりません。なお、私は、出題した項目の約半分が除外されてしまったテストに遭遇したことがあります。約1割程度は除外されるということは、決して特別なことではなく、通常この程度の項目除外は起こりうると考えるべきです。

(2) 等化

次に、項目を等化するには、相当数の受験者の正誤データを得ることが必要になります。そのために、等化用のテストを何回も実施しなくてはなりません。p.139 でおこなった試算の場合、最低でもテストを何回実施しなくてはならないのでしょうか。共通受験者デザインを使うと、**図40** のように等化することが可能です。

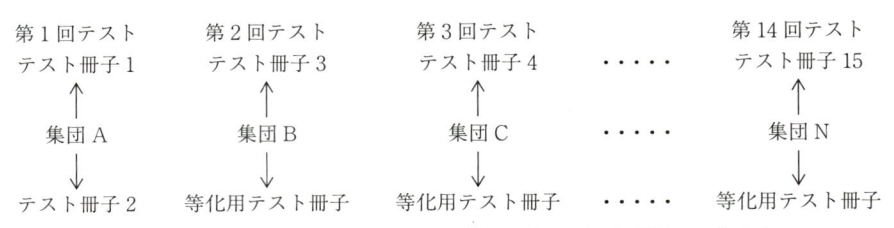

```
第1回テスト        第2回テスト        第3回テスト                    第14回テスト
テスト冊子1        テスト冊子3        テスト冊子4        ‥‥‥        テスト冊子15
   ↑                ↑                ↑                              ↑
 集団 A            集団 B            集団 C           ‥‥‥         集団 N
   ↓                ↓                ↓                              ↓
テスト冊子2      等化用テスト冊子   等化用テスト冊子    ‥‥‥      等化用テスト冊子
```

補足：等化用テスト冊子は、それまでに等化できた項目を選択して作成する。

図40　必要な等化の回数

第1回テストで、集団 A がテスト冊子1とテスト冊子2をほぼ同時に受験し、二つのテストを等化します。第2回テストでは、集団 B がテスト冊子3と等化用テスト冊子（テスト1とテスト2に出題した等化済み項目を編集して作成したテスト冊子）をほぼ同時に受験し、テスト冊子3に出題した項目を等化します。以下、同様にテストを実施します。仮に、すべての項目について等化がうまくいったとして、各テスト冊子の出題数を30項目とすると、450項目を等化するには、450÷30＝15、15−1＝14 より、最低でも14回テストを実施しなくてはなりません。14回のテストを実施するための費用はどのくらいになるのでしょうか。ここで計算するのはやめておきましょう。

(3) 専門性

さらに、IRT を使いこなすには専門的な知識と技術が必要です。ハピラルも IRT に関する業務をおこなっていますが、大事な局面においては専門家のアドバイスが必須です。ところが、現在、国内の IRT 専門家はごく

少数しかいらっしゃいません。今後、にわか勉強の聞きかじり専門家がたくさん登場するやもしれません。そんな人たちの口車に乗っては、大変なことになります。

　さあ、どうしましょう。「そんなに大変な代物なら、IRTなんてイラナイヨ」。そういう考え方もあるでしょう。しかし、世の中に、IRTという言葉が放出されてしまいました。そして、世界ではTOEFLテストやPISAが、国内では医学部や歯学部の試験でIRTが使われているという事実を知ってしまいました。それなのに「大変ならイラナイヨ」。で済むのでしょうか。IRTを使えば、これまでのテストよりもきちんと学力を測ることができそうです。テストを使って、教えたことの成果や学んだことの結果を測るのだから、せっかくならきちんと測りたいものです。そして、きちんと測るうえで、IRTは役に立ちそうです。しかし、自分一人では、IRTは手に余ります。そこで、一人で無理なら、同じ考えをもつ人たちで力を合わせればいい。そう思うに至ったのです。

3 項目プールを「みんなで作って、みんなで使う」

　項目プールを開発するコンセプトは、「みんなで作って、みんなで使う」です。そのために、メンバーを厳選し共同体を作ります。どういう基準でメンバーを厳選するかと言えば、「みんなで作って、みんなで使う」というコンセプトにご賛同いただけるか、そして、このコンセプトに基づく共同体のルールを厳守いただけるかです。共同体のメンバーは、A「項目プール管理・運用者」（以下、管理・運用者）、B「作成者」、C「実施済み項目とデータの提供者」（以下、提供者）、D「項目プールの利用者」（以下、利用者）から成ります。共同体の外部には、協力者としてE「分析者（研究者）」（以下、研究者）、F「システム・エンジニア」（以下、SE）がいらっしゃいます。

　どうやって、項目プールを「みんなで作る」のでしょう。項目プール作りに関わるのは、A「管理・運用者」、B「作成者」、C「提供者」、E「研究者」、F「SE」です。彼らの関係を図示すると、**図41**のようになります。

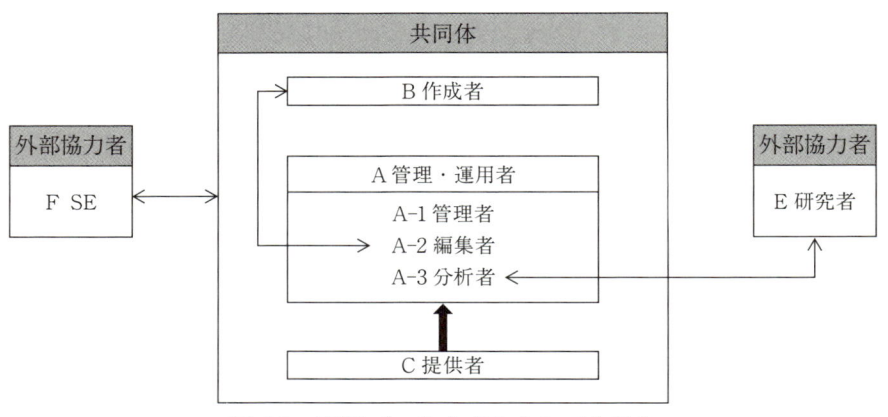

図41　項目プールを「みんなで作る」

（1）　みんなで作る

　図41の内容を、p.164の図39と対応づけしてみましょう。図41のA-1「管理者」、A-2「編集者」、B「作成者」は、図39の管理者、編集者、作成者と同じ意味です。図41のA-3「分析者」と図39の分析者は、IRTの知見を持つ技術者。一方、図41のE「研究者」は、大学等の研究者を意味します。図41のF「SE」は、情報処理の専門家のことです。そして、項目プールを「みんなで作る」うえで、重要な役割を果たすのが、図41のC「提供者」です。項目プール構築の一番最初の段階において、彼らがその時点までに実施したテストの項目と実施データを提供します。C「提供者」は一団体ではなく、少しでも多いほうが望ましいです。なぜなら、より早く、より大きな項目プールを作り上げることができるからです。この実施データを、A「管理・運用者」がIRTで分析することで、項目プールへの項目の蓄積が始まるのです。その意味で、C「提供者」がいなければ、項目プールは存在しないことになります。A「管理・運用者」は誰が担うのでしょうか。ハピラルも、ぜひこの役割を担いたいと思います。しかし、これだけの大きな項目プールを管理・運用するには、社外の方たちとタッグを組み強力な体制を作り上げなくてはならないと考えています。

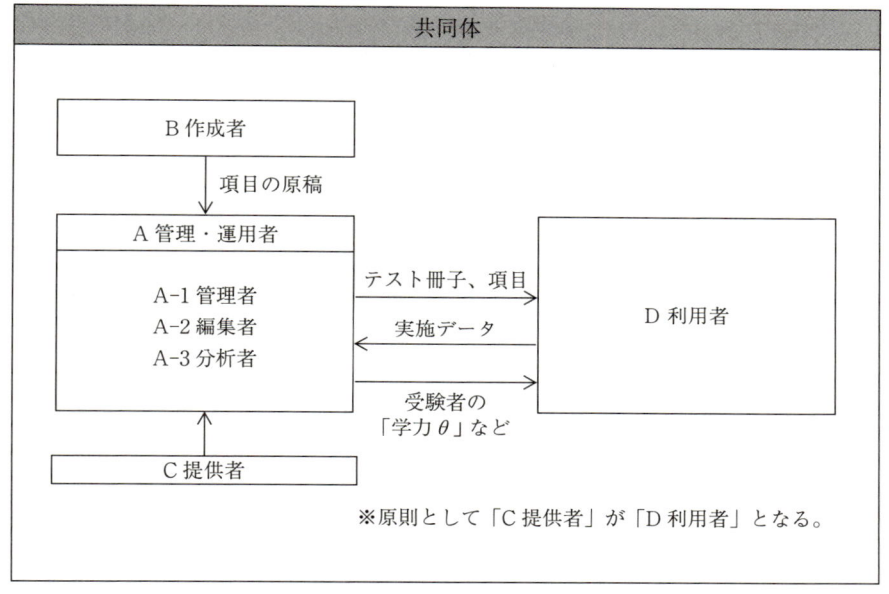

```
┌─────────────────────────────────────────────────────┐
│                      共同体                          │
│  ┌─────────┐                                         │
│  │ B 作成者 │                                         │
│  └─────────┘                                         │
│       ↓ 項目の原稿                                    │
│  ┌─────────────┐                                     │
│  │ A 管理・運用者│   テスト冊子、項目   ┌─────────┐    │
│  │ A-1 管理者  │  ─────────────→   │          │    │
│  │ A-2 編集者  │     実施データ     │ D 利用者  │    │
│  │ A-3 分析者  │  ←─────────────   │          │    │
│  │             │    受験者の        └─────────┘    │
│  └─────────────┘   「学力θ」など                     │
│       ↑                                              │
│  ┌─────────┐                                         │
│  │ C 提供者 │       ※原則として「C 提供者」が「D 利用者」となる。│
│  └─────────┘                                         │
└─────────────────────────────────────────────────────┘
```

図42　項目プールを「みんなで使う」

　共同体が開発し、管理・運用する巨大な項目プールは誰がどのように活用するのでしょうか。図42を見てください。

(2)　みんなで使う

　「みんなで作って、みんなで使う」ことが基本コンセプトですから、みんなで作ることに貢献したC「提供者」は当然のこととして、D「利用者」となります。D「利用者」はA「管理・運用者」に、等化済み項目からなるテスト冊子の作成を依頼します。D「利用者」はテストを実施し、その実施データをA「管理・運用者」がIRTで分析し、D「利用者」は受験者の「学力θ」などの結果を受け取ります。また、何らかの理由で新たな等化済み項目を増やしたい場合は、A「管理・運用者」は、B「作成者」が作成した未等化の項目とともにテスト冊子を作成し、D「利用者」がテストを実施します。あるいは、D「利用者」が新規に項目を作成し、A「管理・運用者」

から提供された等化済み項目とともにテスト冊子を作成し、D「利用者」がテストを実施することもできます。これらの場合は、D「利用者」が実施したデータをもとに、新規に作成した項目を等化することが可能であり、等化済みの項目は新たに項目プールに蓄えます。

　C「提供者」とD「利用者」の数が少しでも多いことが、項目プールの巨大化につながります。そして、

> 自らが提供した項目を他者が使用することを互いに認めることができれば、巨大な項目プールを構築することも夢ではない

でしょう。もちろん、他者が提供した項目を利用する場合は、相応の利用料を支払うことになります。項目の提供者に利用料を支払って、互いに良問を利用し合う。「いかに良問を作れるか」の競い合いではなく、「いかに良問をうまく使えるか」で勝負する。教育に携わる人々のこれからのがんばりどころが、このように変わればいい。私はそのように考えています。

　良問を作る人と、良問を使う人は別。言い方を変えると、良問から成る項目プールを作る人と、良問から成る項目プールを使う人は別、ということです。共同体のA「管理・運用者」とB「作成者」は、良問から成る項目プールを作る人たちの集団です。一方D「利用者」は、まさに良問から成る項目プールを使う人たちです。IRTは専門的な知識や技術を必要とするため、多くの場合、C「提供者」が自らの力でIRTを使えるようになるためには相応のコストが必要となります。そこで、共同体の力を借りて、自らが作成し実施したテストのデータをもとに、自らが作成した未等化の項目を等化する。このとき、

> 共同体は項目に「等化済み」という価値を付加する工場のはたらき

をします。そして、C「提供者」は自らが提供した等化済みとなった項目を使って、D「利用者」として新たなテスト商品を開発し、これを販売します。「みんなで作った」項目プールを利用することで、D「利用者」は項目作成と項目等化のコストを相当に削減することができ、その分のコストをテス

トの商品力向上のために使うことができます。

　IRTにおいては、基準を満たさない項目はIRTの分析対象から除外されることは何度も申し上げました。しかし、基準を満たしているだけでは、必ずしも良問とは言えません。たとえば、基準値ギリギリの識別力の項目ばかりたくさんあっても、それだけではテストの実施目的を果たせないことが十分にありえるのです。これまでの私の経験からすると、良質な項目を作ることは、決して易しいことではありません。むしろ、相当な困難をともないます。その意味で、少し大げさな言い方ですが、「良質な問題は国の宝」です。国の宝は独り占めしないで、教育に関わる者がみんなで使って、この国の教育の向上に貢献すべきです。ただし、良問を作った人には報いなければなりません。項目プールを「みんなで作って、みんなで使う」としましたが、もう少し丁寧に言うと「良質な項目をみんなで作って、良質な項目をみんなで使う。そして良質な項目を作った人にはきちんと報いる。」となります。これが、共同体提案のおおもとにある考え方です。

　共同体の項目プールは、可能な限り幅広い年齢層を対象としていることが望ましいと思います。ある提供者は小学生対象の項目を、別の提供者は中学生対象の項目、また別の提供者は高校生対象の項目を提供するといった具合です。そして、それぞれの提供者から提供された項目が等化（垂直尺度化）されれば、図43のような、小学生から中学生、さらに高校生の学力が測定できる「巨大な共通尺度」が構築できるのです。

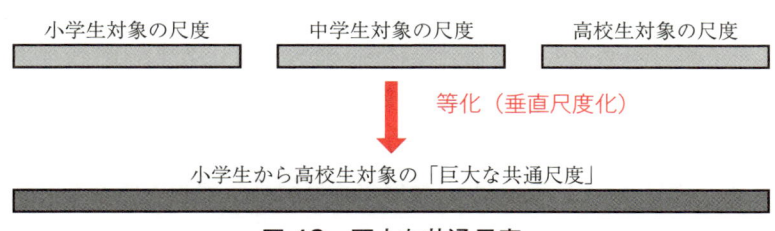

図43　巨大な共通尺度

4　知のバックボーン ～「おわりに」にかえて

　ここまでできれば、理想とする項目プールの第一段階が完成です。私は、

さらに尺度をつけ足すことで、尺度を伸ばし、さらに伸ばして、最終的には、小学生から高校生、さらに大学生から社会人まで測定できる共通尺度ができたら、と考えています。そのときの尺度はどう呼べばいいのでしょう。そして、何を測るものなのでしょうか。おそらく、数学とか国語などの従来の教科・科目の枠組とは別のものになっていると思います。それを、仮に、「知」と名づけましょう。「知」は、小学生から中学生、高校生、さらに、大学生から、大人まで共通に存在することが仮定される潜在的な特性です。そんなもの、本当にあるのでしょうか。今のところは、絶対あるとは言えませんが、あるのではないかと思えて仕方がないのです。まさに、存在は「仮定」の話です。

　私の個人的な経験ですが、小学校、中学校、高校、そして、大学と上の学校へ進みましたが、上にあがるたびに、それまでに学んだことが積み重なっていくのではなく、ブツリ、ブツリと切り離されてしまうような感じでした。しかし、目には見えないし手で触ることもできませんが、とても細い糸のようなものが、小学校に入学した4月に小さな机で学び始めたときから50才を過ぎた今まで、私の中で切れることなく続いている。そして、わずかではありますが、細い糸の切れ端が新たに結びつけられていく。そんな気がするのです。つまり、恥ずかしい話ですが、ほんのわずかではあっても、日々の学びを通して、「知」のはたらく場が広がり、知のはたらき方が良くなっているように思うのです。

　受験生だったころに比べれば、あんな難しい大学入試問題は絶対に解けませんし、解ける必要も今の自分にはありません。しかし、10代後半のころの自分よりも、おそらく今の私のほうが賢い気がしてならないのです。課長だった30代より、部長だった40代のころより、間違いなく社長をしている50代の私のほうが、「知」を構成する道具の種類は増えているし、その使い方は上手になっていると思うのです。そして、その「知」を、どんどん、どんどん、おおもとまで戻ると、小学校1年生の4月のときに教わったことにつながっている。そんな気がするのです。言うなれば、私のバックボーンをなす「知」。つまり、「**知のバックボーン**」です。そして、

第 10 章　良質な問題は国の宝だ　179

　この「知のバックボーン」は私一人に当てはまるものではなく、おそらく、日本人に共通のものではないでしょうか。そのように仮定する潜在的な特性なのです。どうでしょう、日本人に共通する「知のバックボーン」。そして、

> その「知のバックボーン」を測定する長大な共通尺度のことも、「知のバックボーン」と名づけたい

と思っています（**図 44** を参照）。

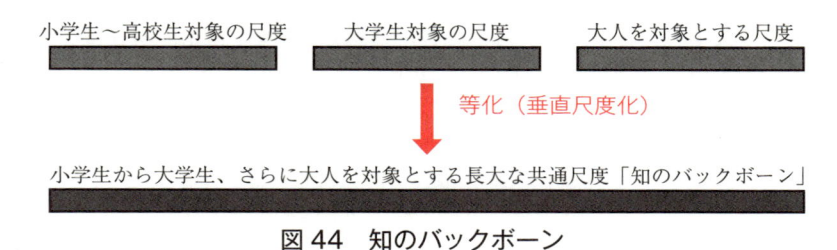

```
小学生～高校生対象の尺度    大学生対象の尺度    大人を対象とする尺度
    ▬▬▬▬▬▬              ▬▬▬▬▬▬          ▬▬▬▬▬▬
                    ↓ 等化（垂直尺度化）
小学生から大学生、さらに大人を対象とする長大な共通尺度「知のバックボーン」
▬▬▬▬▬▬▬▬▬▬▬▬▬▬▬▬▬▬▬▬▬▬▬▬▬▬▬▬▬▬▬▬▬▬▬▬
```

図 44　知のバックボーン

　これは一体、どこまで延びているものなのでしょうか。当然、私もその途中にいますが、一体、どこに位置しているのか、私にはわかりません。

　この「知のバックボーン」の存在理由。それは、小学校 1 年生の 4 月に小さな机に座って小さな子どもたちが学んでいることが、まさに、何十年か先、彼らが大人になったときに必要であることを、彼らに実感させることなのです。子どものときに学んでいることは、確実に大人になって必要なのだ。これを実感させてくれるのが、「知のバックボーン」なのです。

　項目プールを作るのは大変だから、協力して「みんなで作ろう」。それは決して簡単ではないことは十分にわかっています。まして、そうやってみんなで作った項目プールを、「みんなで使おう」というのも非現実感に満ちています。しかし、国内でも IRT を使ったテストが本格的に始まりそうだという変化の兆しが見えているときに、こうして本を出す機会を与えられました。せっかくの機会ですから、最後に私の理想をお話ししました。

　最後までおつき合いいただき、ありがとうございます。

■著者・監修者紹介

別府 正彦（べっぷ まさひこ）

東京大学教育学部教育心理学科卒業。学校法人河合塾にて、偏差値を使わない新たな到達度確認テストの開発、IRT の基礎的研究、IRT を用いたテストの企画・開発等の責任者を務める。2009 年より、テストの開発・分析を主な事業とする株式会社ハピラル・テストソリューションズ代表取締役社長。

野口 裕之（のぐち ひろゆき）

東京大学大学院教育学研究科博士課程中途退学、教育学博士。現在は、名古屋大学大学院教育発達科学研究科教授。専門はテスト理論、言語テスト。主な論文は「共通受験者デザインにおける Mean & Sigma 法による等化係数推定値の補正」（共著。2011 年）など、また、主な著書は『テスティングの基礎理論』（共著。2014 年）、『組織・心理テスティングの科学』（共編著。2015 年）など多数。

柴山 直（しばやま ただし）

東京大学大学院教育学研究科博士課程修了、教育学博士。McGill 大学心理学部研究員等を経て、現在は、東北大学大学院教育学研究科教授。専門は教育心理学、教育測定学。主な論文は「東日本大震災の学力への影響―IRT 推算値による経年比較分析―」（共著。2014 年）など。また、主な著書は『JLF 叢書 Vol. 17 法科大学院統一適性試験テクニカル・レポート 2009-2010』（2011 年）など多数。

熊谷 龍一（くまがい りゅういち）

名古屋大学大学院教育発達科学研究科博士後期課程満期退学、博士（心理学）。現在は、東北大学大学院教育学研究科准教授。専門は教育・心理測定論、テスト理論。主な論文は「簡易適応型テストの測定精度に関する研究」（2014 年）、「項目に関する事前情報が十分に得られない状況における適応型テストシステム開発の試み」（共著。2013 年）など多数。

データ協力：熊谷龍一／学校法人 河合塾